商业模式变现

一切为了变现，不能变现的商业模式是无效模式

宋政隆 ◎ 著

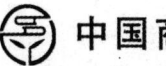

中国商业出版社

图书在版编目（CIP）数据

商业模式变现：一切为了变现，不能变现的商业模式是无效模式 / 宋政隆著. -- 北京：中国商业出版社，2024.1

ISBN 978-7-5208-2821-5

Ⅰ.①商… Ⅱ.①宋… Ⅲ.①商业模式—研究 Ⅳ.①F71

中国国家版本馆CIP数据核字(2023)第246794号

责任编辑：杜 辉

（策划编辑：佟 彤）

中国商业出版社出版发行
（www.zgsycb.com 100053 北京广安门内报国寺1号）
总编室：010-63180647 编辑室：010-83118925
发行部：010-83120835/8286
新华书店经销
香河县宏润印刷有限公司印刷

*

710毫米×1000毫米 16开 13印张 140千字
2024年1月第1版 2024年1月第1次印刷
定价：68.00元

****

（如有印装质量问题可更换）

序

商业模式的快速变现能力是企业不可或缺的生存基础

在竞争日益激烈的当代社会，很多企业都在大谈特谈商业模式，而且也不断有更多、更新商业模式被创造出来。其中，不乏一些听起来很好、前景可观的商业模式，但一旦被应用于实际，企业很快就会发现：它们并不能帮企业快速实现变现，有的甚至无法变现。而当一种商业模式不能快速变现时，那么这个商业模式无疑是需要被重新审视和创新的。商业模式是什么？这个概念兴起于20世纪90年代。在这个时期商业模式的显著特征是通信行业开始慢慢进入人们的生活，而随着通信设备或网络的逐渐普及，使企业在各战略模块的加工、储存和共享信息变得越来越便宜。这便使当时的经营者们对在企业日常经营上做出了很多探索，既加速了全球化进程，也加剧了企业之间的竞争态势。就这样，各行各业里出现了很多新的商业模式。这些商业模式描述的是企业如何创造价值、传递价值和获得价值的基本原理。在求大于供的年代，这些企业的商业模式大多都有很不错的变现效果。

而且，当我们判断一种商业模式是否是成功的商业模式时，我们的关注点往往就是这个商业模式是否可以快速帮助企业变现。企业变现速度快慢是衡量企业流动性好坏的关键。企业以多快的速度完成变现，它就可以在多短的时间内获得增长式继续生存下去的力量，因此可以说，商业模式变现速度是企业在激烈的市场竞争中赖以生存下去的不可或缺的基础，是企业战略发展的刚性需求。

前言

在互联网时代，商业的本质越发纯粹，所有不落地不能变现的商业模式都是没有营养的商业逻辑，都是空谈。在IP价值外溢、短视频火热的当下，变现已经不再局限于思维，它更是一种商业模式。而在这个商业模式急速颠覆的当下，商业的变现才是永恒的主题。

所有商业模式的最终目标都是变现，不能变现的商业模式是无效模式。

那么，何谓变现？就是"变钱"，就是将商业模式中提到的看不见、摸不着的产品或服务变成看得见、摸得着、可使用的财富。

商业的本质是赚钱，因此能够变现的模式才叫商业模式，不能变现的模式只能是商业模式的梦想。

在本书中，我们侧重于强化以现金流为核心指标的商业模式运营体系，从战略的角度去审视商业模式变现的重要性，以及商业模式变现之于企业长期发展与风险控制的价值作用；从增量创造的角度，来审视如何在存量时代做增量变现，在互联网流量见顶之后如何进行变现模式设计，以及如何借助稀缺原则提升企业变现力；再具体到商业实战中，重点讨论，在新零售模式下如何借助新技术手段来推动企业变现，以及如何面向未来去维护社区生态并成功实现企业变现。

商业模式变现 ——一切为了变现，不能变现的商业模式是无效模式

希望本书的出版可以警醒那些不重视商业模式变现的企业。须知，商业模式变现才是商业的本质，企业最终追求的是利益，没有利益企业将无法生存。所有成功的、可持续的商业模式都要形成"闭环"。而完成变现环节，这才是走通商业模式的"唯一"验证标准。

目 录

第一部分　商业模式变现是战略刚需

第一章　从战略视角看商业模式变现 / 2

现金流是企业的尊严所在 / 2
以铁血流程锻造现金牛业务 / 4
从系统稳定看企业扩张和收缩 / 8
快是手段，慢是战略 / 11
战略财务紧盯现金流更安全 / 14
活下去就要理直气壮赚快钱 / 17
怕死的公司更长寿 / 19
以新老更迭驱动商业变现 / 21

第二章　业绩才是王道，项目盈利要趁早 / 27

变现如造血，尽早盈利是铁律 / 27
跑通现金流再扩张 / 29
现金成流才是企业的生存之本 / 32
开门卖货，开门造车，用现金证明 / 34
信心如黄金，第一天就要盈利 / 36

现金流稳定是项目闭环的标志 / 37

第三章　中小企业更应该专注商业模式变现 / 39

电商时代的闪电式变现模式 / 39

承认变现节奏加快的新现实 / 42

经营者思维对变现的直接影响 / 43

残酷——三个月就是一个小周期 / 47

好模式可以对冲波动风险 / 49

用商业模式放大变现能力 / 52

利润是企业过冬的"棉袄" / 56

第二部分　"一鱼多吃"式的增量创造

第四章　存量时代如何做增量 / 60

"一鱼多吃"创造变现增量 / 60

核心竞争力模式依然是变现之本 / 62

一种产品，若干市场 / 66

IP衍生模式的增量变现启示 / 69

基础能力越强，变现手段越多 / 74

立足人性需求，而后不销而销 / 76

第五章　互联网流量见顶后的变现模式设计 / 79

流量成为刚性高成本之后如何变现 / 79

"直播+"需要重新设计利润模式 / 83

互联网营销亏老本的原因分析 / 89

话语权和内容力重构企业资源争夺能力 / 92

回到互联网经济"一企一品"的本质 / 94

互动触变式营销推动网络营销升级 / 96

第六章 制造稀缺感获得强变现能力 / 98

变现的唯一本质就是把握稀缺资源 / 98

第一模式不如唯一模式 / 102

品牌提价之后为何卖得更好 / 104

模式精髓：独特性、稀有性与不可多得性 / 108

特色才是网络时代生存的基础 / 110

每一个创新点都是变现点 / 112

第三部分 模式变现是一种实战组合

第七章 快模式叠加慢模式 / 118

会员制营销和预付费模式 / 118

用持续服务模式规避价格战 / 124

产品思维需要变成解决方案 / 129

多次赚钱好于一次赚钱 / 133

快模式如何叠加慢模式 / 137

靠服务赚钱是大势所趋 / 139

最适合当下的商业模式就是最好的商业模式 / 142

第八章 不要低估新零售的价值 / 148

变现始终都是"班长的战争" / 148

智能化系统和增值服务变现 / 152

利用大数据直面用户需求 / 155

数字化新零售必须做全球生意 / 159

反直觉创意：现在创业变现其实比以前容易了 / 162

新零售的即时变现力 / 165

第九章 未来变现靠社区生态 / 170

通过社区服务或套利创造持续现金流 / 170

拥有社区生态就是拥有一片根据地 / 173

高周转率的生态链才是变现好环境 / 178

并购——有些企业适合在生态里一把变现 / 183

寄生模式不可耻，垂直精进服务主生态 / 186

变现就是一步实现目标的战略设计 / 189

后　记 / 193

参考书目 / 194

第一部分
商业模式变现是战略刚需

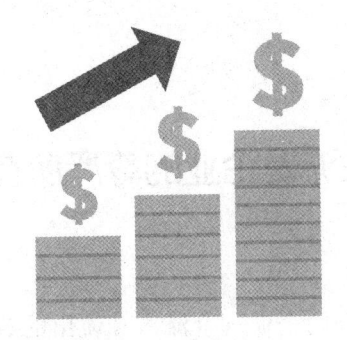

第一章 从战略视角看商业模式变现

商业模式变现是指通过某种商业实现途径，有效挖掘商业价值，使商业价值转化为可见财富的过程。可以说，变现是各类商业活动行为的最终目标之一。在商业实践中，商业变现的模式有很多，有的商业模式可以实现快速变现，却无法获得长期收益；而有的商业模式看似未来可期，却死在了通往未来的路上。因此，从战略视角审视商业模式变现，如何实现成功的、长远的商业变现，是一个值得探讨的主题。

现金流是企业的尊严所在

现金流是指一段时间内企业现金流入和流出的数量。企业在销售商品、提供劳务，或是出售固定资产、向银行借款的时候都会取得现金，从而形成现金的流入。而企业为了生存、发展和扩大，往往需要购买原材料、支付工资、积累固定资产、对外投资、偿还债务等，这又会形成现金流的流出。

　　现金流是企业的血液，是企业生存和发展的命脉。现金在企业内部的每一次周转，都会产生对应的营业收入和利润。所以，企业必须有充足新鲜的"血液"流动，来维系企业的日常运营让企业可以不断创造收益，这样才能推动企业的持续发展。如果一个企业的流动资金匮乏，资金链断裂，那么企业必然会陷入生存危机之中。

　　一些传统型企业常常遇到这样的情况：在发出货物后，账款却被客户拖欠，而企业房租成本已经支出，员工薪资及各项固定费用也需要按期支付……如果企业出现一段时间的无流动资金的情况，那么企业就随时可能面临关门倒闭的命运。

　　海尔总裁张瑞敏曾表达过这样的观点："在市场经济条件下，只要你的钱流动得快，你100%负债也能过下去；你一分钱负债没有，钱出去回不来，你也完蛋。"在商业实践中，很多名声显赫的企业之所以突然倒下，究其根本原因，并不在于商业对手有多么强大，而往往是受制于资金的流动不力。

　　从这个角度来说，现金必须保持流动，在流动中创造利润，避免因不盈利的商业活动导致企业过度"失血"。有一些创业型企业，虽然其创业资金并不充足，但为了生存而采用疯狂烧钱的模式或开展低价竞争去抢占更多市场份额，这样做，往往会使企业的现金流陷入枯竭，可能会落得个当企业的融资款花完之时，便是企业倒闭之日的悲催结局。当然，在现代经济领域里，有些商业模式可能是暂时不盈利的，但是必须要明确什么时候可以盈利，让企业在财务安全期内实现资金的流动。

  在市场经济条件下，企业现金流状态在很大程度上决定着企业的发展能力。如果现金周转不畅、调度不力、偿债能力弱，那么不仅会影响企业正常的生产经营和抗风险能力，还会影响企业的信誉和企业的市场话语权。一般而言，一个企业的现金流越强，企业在市场上的话语权就越强大。各行各业都有现金流非常强的企业，而这些企业都有一个共性，那就是：市场话语权比较强大。比如，销售商要向生产商拿货，必须订货，支付定金；待提货时，支付足额货款方可拿货，这就体现出了生产商的市场话语权。反之，如果销售商的现金流较强，那么它也会有更强大的市场话语权和市场议价能力。一些生产商甚至会免费为销售商铺货，为经销商提供各种支持，这就是销售商话语权强大的体现。

  以稳健的现金流夯实企业经营的基础，可以说是维护企业尊严的关键。因此，企业在实现盈利目标的过程中，必须重视现金流规划，及时调整现金使用策略，保持最佳的现金流状态，合理配置各类资源，积极防范商业经营风险，以实现企业价值的最大化。

以铁血流程锻造现金牛业务

  企业的现金流状态主要来自现金牛业务的贡献程度。现金牛业务是指低市场增长率、高相对市场份额的业务。一般而言,这类业务的市场基本已经开发成熟,企业不需要再进行大量投资来扩展市场份额与市场规模。而且,这类业务往往还能够实现规模经济效应,创造出较高的边际利润,从而给企业带来大量的现金流。为了支付账款和开展其他需要现金的业务,企业需要借助现金牛业务的力量。而为了保障现金牛业务目标的实现,企业则需要借助铁血流程来锻造这部分业务的开展。

以腾讯公司为例,其主要业务可分为三大类,分别为增值服务、网络广告和其他业务。网络游戏作为业务增值服务内容,是腾讯公司最重要的"现金牛"业务。腾讯公司的游戏业务以自主研发或代理发行游戏产品为主,同时开拓电竞(及电竞直播)市场,打造了 WeGame 游戏发行平台。目前,腾讯的游戏布局主要集中在智能手机游戏(手游)和个人电脑游戏(端游)两个领域。

据腾讯 2023 年第一季度财报显示,腾讯 2023 年第一季度的总收入为 1500 亿元,同比增长 11%。在 2022 年用户规模、市场收入"双降"后,国内游戏市场在 2023 年第一季度开始呈现回升趋势。受整体环境影响,腾讯游戏业务板块第一季度收入为 483 亿元,同比增长 10.8%。其中,本土市场游戏收入 351 亿元,同比增长 6%;国际市场游戏收入 132 亿元,同比增长 25%,达到本土市场收入的 38%。2023 年 6 月,腾讯游戏《王者荣耀》在全球 App Store 和 Google Play 创造收益 2.13 亿美元,蝉联全球手游畅销榜冠军。

腾讯游戏业务的成功发展，主要在于其强化了两个方面的工作：一是通过维护、拓展现有热门游戏的用户规模和持续发行新游戏来扩大市场份额，保持本业务在游戏业务领域中的领先优势；二是推动游戏的商业化流程运作，从游戏业务中持续获得更充裕的现金流。其实，这也是如今很多企业在对待现金牛业务时必须强效把控的方面。

事实上，任何商业模式的落地与现金牛业务的推进，都必须紧紧围绕严谨合理的流程而展开。流程是由一系列价值创造活动组成的，是传递给客户并最终作用于市场的价值流通渠道。如果一项业务的推进流程设置得不够合理，那么必然会导致这项业务的价值目标难以实现。比如，在生物制药生产中，"加热""大罐发酵"与"提纯"环节之间是连续进行的关系，那么流程参与者就必须严格遵守流程环节的设置，否则产出物就必然是废品。如果流程设置得不够恰当，存在时间间隔过短或过长的问题，那么也可能造成产出质量不合格的问题。而如果整批产出都被判为不合格，那么整条流程创造出的价值就等于零，从最终商业价值角度来说就可能是赤字。

当然，流程设计无法满足业务需求，这仅仅是企业流程运作中出现价值流失问题的原因之一。对于业务需求更复杂的企业来说，更需要考虑对流程的精简化设置和全方位管理，以规避在流程执行过程中可能出现的各类风险，并在出现问题后能够做出敏捷的反应。

提到如今的华为，人们的头脑中往往会出现一个拥有强悍士气、做事雷厉风行和打造了铁血流程等的成功企业形象。然而早年，在华为组织规模不断扩大的过程中，其也曾出现过决策远离一线、执行无力支撑业务目标实现的问题。当时，为了控制运营风险，华为设置了许多流程控制点，但因授权不足，使得企业内部出现了严重的官僚主义问题。过多的汇报反馈环节导致华为很难快速应对客户需求，一些订单无法按时交付使得华为损失惨重。

为了保障业务项目的顺利推进，华为几经探索之后决定：以业务为驱动，从一线往回梳理，强化平台和服务部门只为满足"前线作战"需要而设置，"让一线呼唤炮火"；同时，减少平台部门和精减人员，减轻协调量。这样才能让一线人员在遇到顾客变心时科学决策，从而做到迅速反应。这也是华为的以客户经理、交付专家和解决方案专家组成的"铁三角"模式的由来。

总而言之，为了全力保障现金牛业务的顺利推进，企业必须做好系统的流程设计工作，把控好流程推进过程，系统地做好风险防范工作，以保障整个流程的高效推进和目标的顺利实现。

从系统稳定看企业扩张和收缩

伴随着企业发展的不同阶段，企业的财务状况也会出现不同程度的起伏。企业会从把握更好的发展机会或规避风险的角度，去考虑企业的扩张和收缩。

1. 企业扩张重在机会抓取，切忌盲目扩张

企业在选择扩张的时候，首先要考虑自身的财务状况。但是，这并不是非得在现金流充裕的情况下才能扩张。如果外部市场机会较多、行业前景一片明朗，那么企业也可以考虑适当举债经营，或者是通过增发股票或发行企业债券等方式融资，有条件的企业还可以用留存收益进行投资。

但是，在扩张的过程中，企业必须保持谨慎的态度。如果企业一味地盲目扩张，那么它带来的可能不是现金流，而是"短命"的命运。

2017年11月，一则标题为"小蓝车倒闭，注入押金不能退了"的新闻被很多人注意到。在此数月前，小蓝车进入人们的绿色出行序列，人们只需在手机上付押金、扫码，即可使用，操作非常方便。然而仅仅数月之后，这款共享单车就面临退出市场的窘境。2017年11月20日，小蓝单车宣布停止运营，并因99元押金难以退还而与用户展开了一场拉锯战。一直到2018年1月9日，滴滴宣布托管小蓝单车，小蓝单车被纳入滴滴出行的生态出行系统中。而对之前的用户押金未退的问题，则由滴滴出行出台规则进行后续处理。

小蓝单车退市后被滴滴托管，究其背后的原因主要在于：其在商业推广和营销决策失误以及对风险考虑欠佳的情况下进行盲目的扩张。共享单车一度被称为中国的"新四大发明之一"，小蓝单车口碑也很好，并被誉为"最好骑的单车"。因为有足够的资本加持，所以小蓝单车极速扩大其共享单车的规模，仅在半年时间内便投放了60万辆单车。但由于其经营层对限制投放、发招牌等信息的误判，导致其在数量规划上做出了错误的配比。而最致命的原因是其在2017年6月初因决策失误而出现的一起严重的宣传事故，这场事故直接宣告了小蓝单车融资的彻底失败，并因此被所有投资人放弃。就这样，亟须大量资金来谋求规模化发展的小蓝单车，最终因资金链断裂而不得不走向倒闭。

清晰的战略、可控的过程以及稳定的现金流，是企业成功扩张做大的根基。无论发展环境如何利好、商业模式如何创新、产品如何优质，企业都需要面向长远，进行系统的、稳定的规划，避免市场寒冬忽至而带来致命一击。

2. 企业收缩重在改善企业现金流，争取较大收益和资金价值

当企业遇到市场疲软、产品衰退、管理失控、现金流循环不力等情况时，就需要考虑企业收缩战略，进行保守经营了。所谓企业收缩，不是简单地把大企业压缩为小企业，而是实行产权调整和资产重组，收缩局部战线，削减市场规模，甚至完全退出目前的经营领域，以求获得新生的契机。

荣耀成立于2013年，是华为旗下的重要手机品牌，主要竞争对手有小米的红米以及OPPO、vivo等。自2019年华为手机业务转向国内，荣耀在中国市场的份额有所增长，但仍徘徊在第四、第五的位置。2020年，华为对外宣布出售荣耀手机业务，并最终由深圳智信新信息技术有限公司完成对荣耀品牌相关业务资产的全面收购。这被视为华为战略收缩的重要标志。从当时的形势来看，华为的芯片供应不能同时支撑华为和荣耀两个品牌。简单地说，荣耀手机的出货量越大，华为在芯片供应上的短板就越明显。而如果荣耀手机脱离了华为，则可以寻求芯片代工合作，规避美国制裁，保持自身的持续发展。事实上，荣耀脱离华为、寻求单独发展机会之后，的确很快推出了数款新机型，迅速地将市场份额从3%提升至9.5%；而华为在芯片上的掣肘压力也得以大大减轻。市场调研机构IDC（互联网数据中心）数据显示，2022年，荣耀手机的出货量达5220万台，市场份额约为18.1%，增幅达到34.4%，是2022年中国市场上唯一一家出货量实现正增长的手机厂商。市场份额和渠道布局齐飞，

荣耀成为中国增长速度最快的品牌之一。

当企业陷入债务和流动性危机以及发展形势困境之后，就有必要对其业务进行重新诊断，调整战略决策，来保障企业整体经营的稳定性。企业可以围绕现金流和亏损动因进行深入分析，找出让企业陷入困境的深层次原因。比如餐饮企业，其出现困境表面上看可能是因为出现了现金流短缺问题，但实际原因可能是单店模型衰弱，而模型背后的原因往往又涉及更深层次的企业组织运营问题。对于这个问题，如果确认其根源在于现金流，那么就要态度坚决地采取收缩动作，切忌在紧要关头犹豫不决。但同时，也要有序地规划企业的收缩动作，避免因市场反应过度而引发商业中的多米诺骨牌效应，最终使企业经营陷入大溃败之境。

快是手段，慢是战略

在商业实践中，"唯快不破"的模式大行其道。

2010年前后，中国市场开始出现"快闪店"的概念。自2015年起，中国快闪店发展进入快车道：淘宝造物节打造了一个庞大的线下快闪店；游戏"完美世界"在成都开设了密室快闪店；老品牌戴尔在深圳打造了全城首个快闪店。在国内各大城市中，深圳、广州、澳门、上海的品牌快闪动态相对活跃。从2022年到2023年年中，深圳有33家品牌开出了61家快闪店，其中，奢侈品牌Dior在深圳开出的快闪店最多。运动品牌似乎也迷上了快闪。2023年上半年，数十个运动品牌在上海开设快闪店或举办快闪活动。根据共研产业咨询（共研网）数据，快闪店自2021年就达到了4015.3亿元的市场规模。如今，我国快闪店行业更是朝着万亿级规模赛道迈进。

在"短平快"的商业模式成功推行的背后，是多重因素的强力加持。在云计算、物联网、移动互联网等技术的发展与广泛应用下，很多新商业模式应运而生。同时，在市场竞争加剧、产能过剩挤压、资本空前活跃等因素的叠加下，使得商业模式的成熟周期大大缩短，"快"成为商业发展的一个重要手段。

但是，仅靠速度并不能横扫一切。欲速则不达。仅仅依靠资本拉动的商业模式创新虽然容易生成，但也往往经不起市场考验。比如，我们常常看到一些企业前期疯狂烧钱，后期无以为继，危机重重。还有一些企业前期靠补贴虽然占据了行业龙头地位，但因其后期无法盈利，而导致不得不宣布裁员。最终闹得个徒留"一地鸡毛"。

显然，"一招鲜，吃遍天"的商业模式已不再是万能的灵药。究其根本，是当下的商业环境已经发生了翻天覆地的变化。在经济增长速度放缓、人口红利逐渐消退的大环境下，仅靠拼速度、走捷径的企业已经很难适应越发激烈的商业竞争。

"老干妈"一直宣称"我只会做辣椒，我就做好辣椒"。老干妈这家企业"不考虑贷款、参股、融资和上市"，曾以用 8 块钱一瓶的辣酱创造出每天 130 万瓶的销售量，年销售额达 45 亿元；Lao Gan Ma 的品牌远销海内外，甚至在 Facebook 上还有老干妈爱好者协会。近年来，辣椒酱市场规模增至 455 亿元以上，虎牌、川娃子等新品牌火速杀入辣椒酱市场，可谓"百花齐放"。这些新品牌吸引着年轻消费群体，切分了部分的辣椒酱市场份额。在这样的竞争环境下，老干妈的年营收额有所下降，但仍然保持在 42 亿元以上（2021 年老干妈年营收额）。在激烈的市场竞争形势下，老干妈坚持以慢为战略导向的商业模式，以敬业、精益、专注、创新为内涵的"工匠精神"为企业积累内外部资源，坚持集中力量精耕细作，稳固其核心竞争力，同时也在持续创新中满足着一批注重高品质、高性能的消费群体的需求。

事实上，在商业领域，快和慢并不是完全对立的。企业可以以快为手段，去抢夺消费者的眼球，快速占据市场份额。但同时，企业也要"以慢为战略"，精耕细作、步步为营，最终让自己在竞争中占得一席之地。快慢兼顾，相得益彰，如此才有长久的商业变现。

• 商业模式变现 ——一切为了变现，不能变现的商业模式是无效模式

战略财务紧盯现金流更安全

在面向长远的慢战略的指引下，要避免在打持久战的过程中出现资金链吃紧的情况，用战略思维盯住现金流问题，快速推动现金回流，无疑是最安全的做法。这就需要企业对经营环境和经营生命周期加以分析，针对企业现金流的流量、时间、结构等打造一个动态管理体系，来实现企业现金流的动态平衡，从而为企业的整体战略提供财务支撑。

青岛啤酒是中国啤酒行业中的龙头企业，行业认知度较高。2021年，青岛啤酒实现经营活动净现金流60.43亿元，自由现金流44.08亿元。从2018年到2021年这四年时间里，青岛啤酒的经营活动净现金流累计190.05亿元，自由现金流141.58亿元。2022年，青岛啤酒经营活动净现金流37.72亿元，比上年下滑37%。青岛啤酒的资金积累主要是靠经营活动创造，而不是靠投资活动。这说明青岛啤酒的货币资金是高质量的、可靠的和可持续的，其财务战略下现金流状态是安全的，企业的商业模式是可持续发展的。

一般而言，如果一家企业以实现企业业务规模、资产规模的快速扩张为目的，那么它往往会坚持扩张型财务战略。在这种财务战略下，企业需要将大部分甚至全部利润予以留存，来最大限度地利用负债机会。在这种情况下，企业通常表现为：负债总额较大，资产负债率偏高，现金流的数额比较大但结余却不多。当企业持续扩张数年后，其资金链就会越来越紧张，负债率越来越高，财务风险逐渐出现失控的迹象。这时，企业就会采取防御型财务战略。如压缩产业规模，盘活存量资产，节约成本支出，降低资产负债率，从而缩小企业的现金流规模。而无论是扩张还是收缩，企业都必须贯彻盯紧现金流的财务战略，以实现安全的现金流状态来维系企业的正常运转。

1. 现金流管理要为企业战略服务

企业现金流战略是企业财务战略的一部分，现金流管理的目标是要为企业的整体战略提供财务支持，因此要完成企业的总体战略目标，就要保持企业现金流战略与总体战略相一致。要做到此，则需要在现金流的管理过程中合理地处理局部利益和整体利益、当前利益和长远利益之间的关系。比如，在利用折现现金流法评估企业投资项目的过程中，要考虑项目投资对企业的战略意义，综合分析并判断项目投资的价值，切忌"因项目折现现金流小于零，就否定该项目"。

2. 现金流管理与产品生命周期相协调

在企业或产品生命周期的不同阶段，现金流的特点也不尽相同。处于成熟期的业务板块往往会有充沛的现金流，这类业务板块往往可以为处于成长期的业务板块以及新板块提供支持。那些新业务板块往往不能给企业带来正向的现金流，这就需要企业审时度势、谨慎投资，以免对企业现金流造成非预期的浪费。对于处于衰退期的业务板块，则需要果断剥离。总之，企业要根据其本身或产品的生命周期特点，全面分析企业现金流转状况，平衡好不同板块的现金流，以便为企业的持续健康发展提供现金保障。

3. 在现金流动态平衡的基础上创造价值

企业要确保现金流的流入与流出始终处于动态平衡的状态，既不能长期入不敷出，造成资金链断裂，也无须长期保留过多的自由现金流，使企业蒙受机会损失，但却要保持现金流结构的平衡，长期投资与长期筹资相匹配，切不可短融长投。此外，也要处理好财务风险与经营风险的匹配关系，对于高经营风险的项目，要尽量考虑低财务风险的筹资方式；而对于低经营风险的项目，则可以考虑高财务风险的筹资方式。

总体而言，从现金安全方面来讲，企业要确保现金不流失，避免现金流转不力给企业造成支付困难，使企业陷入社会信誉和经营危机之中。同时，要提高企业对现金流的管理和控制水平，使企业的现金流顺畅和高效率，促进企业的健康发展。

活下去就要理直气壮赚快钱

企业要想生存下去，就必须创造稳定的现金流。尤其是对于初创企业而言，如果没有快钱流入，企业很可能在前期投资消耗完即倒闭。而一说到赚快钱，有的人可能就会认为这非目光长远之举，实则非也。

赚钱是一个通过提供有价值的产品或服务来获取货币的过程，而赚快钱就是一个快速进行价值交换的过程。从理论上讲，如果企业能够提供物美价廉的商品或提供帮别人解决问题的服务，满足消费者的需求，那么就可以与消费者进行价值交换，快速赚到钱，获取更多的回报。也就是说，赚快钱的前提是消费者认可企业提供的产品或服务，而且企业选择这种商业模式可以在短期内实现现金回流。

平台商业模式是近年来人们常见的一种商业模式，"小红书"便是一个以分享年轻人的生活方式为主流的平台。据小红书官方数据，其月活跃用户超过2亿，日均搜索查询量近3亿次，月活创作者超2000万，日均发布笔记量超300万。有些人会在小红书上查询问题的答案，有些人通过分享图片、文字、视频笔记来记录生活，还有一些明星与优质达人通过笔记分享来种草好物，实现商业变现。概括地说，小红书上的博主主要采取以下五种商业模式变现。

（1）品牌合作推广：与品牌进行合作，为品牌商推广商品或服务。小红书博主通过撰写有价值的内容、分享商品使用心得、展示商品特点等方式，来吸引用户关注，并促使他们下单购买。在费用方面，小红书博主则根据合作协议，向品牌商收取合理的合作费用。

（2）商家优惠合作：小红书博主可以与商家合作，为粉丝们提供限时优惠和打折活动，然后向商家收取合作费用或佣金。

（3）社交电商：小红书博主可以通过推荐产品、分享购物清单和心得体会等，将自己的个人购物经验变现。当用户通过博主设置的商品链接下单购物时，博主即可直接获得对应的佣金。

（4）知识付费：小红书博主可以向用户提供收费的知识内容，如视频教程、在线讲座、个性化咨询等，来实现变现。

（5）电商推广与销售：小红书博主可以直接在平台上开设自己的店铺，通过发布相关内容、展示商品特色、获得好评等方式，来吸引用户关注并购买商品，实现销售和盈利。

对于企业来说，既可以通过与个体博主的合作来加快变现速度，也可以自己当博主，选择合适的平台来推动商业变现，当然也可以像小红书一样变身为商业变现活动的平台。而无论充当哪一个角色，选择哪一种变现方式，企业所提供的价值都是最重要和最根本的。因为，企业提供的价值不单单取决于生产成本，还需要囊括对消费者的消费需求、市场供求关系等因素的考量。企业在设定商品和服务的价格时，应该综合考虑各种因素，要既能推动快速变现，又能以价格吸引消费者，同时还能创造合适的利润率。

总之，无论企业身处哪一个行业，都可以通过选择先进的商业模式来快速吸引消费者的眼球，推动现金快速回流，同时通过有效的成本控制来创造利润，理直气壮地赚快钱。

怕死的公司更长寿

赚大钱，永续经营，这是许多企业追求的目标。虽然国内也有不少大型企业，但就整体而言，中国企业的寿命周期都不算长。据统计，国内的大型集团公司的寿命约为7～9年，中小企业的平均寿命为2.5年，而民营企业的平均寿命为3.7年。那么，什么样的企业才更长寿呢？见过那么多昙花一现的企业，我们会发现一个规律：在这瞬息万变的信息社会，唯有惶惶不可终日者才能长久生存，唯有"怕死"的企业才能长寿。

说起华为，人们必然要说到"怕死"的华为创始人任正非，他领导出了一个具有超强忧患意识的华为。在领导华为发展的过程中，任正非

商业模式变现——一切为了变现，不能变现的商业模式是无效模式

时常焦虑下一个倒下去的是不是华为，经常警示企业上下为即将到来的"冬天"做好准备。因为"怕死"，华为不得不居安思危、全力以赴，在每一次危机中抓住生机。

2018年年初，美国禁止华为进入美国手机市场，在发放5G频谱牌照时将华为排除在外；2019年，美国政府将华为公司列入管制"实体名单"。随后，华为遭遇了史无前例的大规模打压：谷歌宣布暂停支持华为部分业务，英特尔、高通等芯片制造商停止对华为供货，德国芯片厂商英飞凌暂停向华为供货……

在如此灾难性的围剿之下，华为不得不启用花费了十余年投入研发的备用方案，宣布备用芯片转正。2020年，华为出售荣耀手机业务，断臂求生，分头突围；2021—2022年，华为保持战略定力，确保平稳经营……居安思危的战略远见和攻坚克难的奋斗豪情，让华为实现了一次次的强悍应战与成功反击。而每一次危机也在倒逼着华为在下一阶段更为强力地优化企业战略管理，推进技术攻坚。

2022年8月22日，华为内部论坛上线了一篇由华为创始人任正非签发的文章——《整个公司的经营方针要从追求规模转向追求利润和现金流》。在文章中任正非提到，全球消费能力下降，华为应改变思路和经营方针，从追求规模转向追求利润和现金流，保证渡过未来三年的危机。"生存基点要调整到以现金流和真实利润为中心，不能再仅以销售收入为目标。"在盯紧现金流的战略指引下，华为将着力调整一些方向：关闭盲目扩张或盲目投资的项目；坚定收缩，部分国家业务该放就放；要做好现金流规划，砍掉有投资风险的项目，砍掉一切不赚钱的业务；员工考

核和奖金要和实际经营结果挂钩，要把寒气传递给每一个人；等等。

在稳健经营之下，华为2022年实现全球销售收入6423亿元，增长0.9%，净利润356亿元；研发投入1615亿元，研发费用率25.1%。近十年来，华为研发投入累计9773亿元。在研发专利方面，目前华为是全球最大的专利持有企业之一，在全球共持有有效授权专利12万件，2022年PCT国际专利申请量7689件，排名首位。①

怕死的企业更长寿。因为怕死，因为恐惧企业在最危险的边缘处滑入深渊，担心企业的商业版图随时遭遇垮塌的命运，企业领导者必须时刻思考"如何在激烈的竞争甚至围剿中存活下来"，企业上下会因身处一片惶惶而努力奋进，以求一线生机。正如任正非所说，首先要活下来，活下来就有未来。在这样的战略视角下，企业的商业模式不再是追求规模的扩大，而是更看重商业变现能力和变现速度，以稳定的现金流推进企业的平稳经营。

以新老更迭驱动商业变现

一个长寿的企业，其商业经营模式绝不会一成不变，因为在企业谋生存的道路上，必然会遭遇一次次的环境风险和成长瓶颈。故而企业必

---

① 张玉升.任正非最新讲话：让寒气传递到每个人，华为要活下来.海报新闻，2022年8月23日。

须在有限的资源下做出成功的取舍，重新选择更合适的发展方向，调整内外部资源的适配性，以成功进入下一个发展阶段，为下一轮商业变现做准备，以期实现指数级增长。

纵观华为的发展历程，其经过了数次较大的商业变革，使之突破了发展的瓶颈，继而给企业带来了跳跃式的业务增长。

华为的第一次模式变革是从卖产品转变为卖解决方案。客户真正想要的不是产品本身，而是使问题得到解决。1998年，华为开始从过去的通信产品提供商转变为通信解决方案服务商。这时，华为已经不再局限于向客户提供某个具体的产品特性，而是通过建设一个最适合客户发展的网络来解决客户的运营问题或痛点。华为著名的"铁三角组织模式"，就是为了更快速地为客户提供服务方案而设计的。

第二次商业变革是从单一市场转向全球市场。2005年前后，华为的海外收入首次超过国内收入。为了规避全球化生意的风险，华为建立了一套匹配全球化业务的管理体系（FS集成财经服务、CRM客户关系管理、从线索到回款的LTC体系），用以规范海外业务，使每一个项目从始至终都能准确有序。此外，华为还在国外成本低的地区设立了研发中心和工厂，协调资源成本。

第三次商业变革是从运营商走向行业客户、终端客户。华为认为，如果企业不设置终端业务，那么就无法获得终端用户的真实体验，自然也就无法在第一时间获得第一手的、真实的消费数据。因此，华为决定发力消费者业务，构建"万物互联的智能世界"。华为手机的面世，使华为快速成为国内中高端手机销量霸主级选手。

2021年，华为成立五个"军团"，分别是煤矿军团、海关和港口军团、智慧公路军团、数据中心能源军团和智能光伏军团。这五大军团是基于5G技术的战略探索，是面向未来10年战略性孵化的业务。可以说，这是华为面向企业的未来发展而播下的5颗种子。

为了有足够的实力去应战商业世界难以预期的变化与挑战，华为每年都在研发方面加大投入（华为研发投入占全年营收的15%以上）。2022年，华为的研发投入提高到1615亿元，占全年收入的25.1%，处于历史高位，十年累计投入的研发费用超过9773亿元。

2023年9月6日，华为正式发布Mate 50系列——全球首款支持北斗卫星消息的大众智能手机。使用这款手机即便用户身处无地面网络信号覆盖的极端环境，也能随时通过畅连App来发送文字及位置信息。华为卫星手机的成功研发与上市，表明华为通过另辟蹊径，突破了5G芯片技术的掣肘。

2023年9月20日，华为基于客户需求和技术创新的双轮驱动，先后提出了All IP战略、All Cloud战略，意在努力实现"加速千行万业的智能化转型，让所有对象可连接，让所有应用可模型，让所有决策可计算"的战略目标。

华为的努力与变革不仅让其创造出了卓越的成果，商业变现效果也非常可观。华为公开财务数据显示，2023年上半年，华为实现营收

3082.90亿元，相比上年同期的2986.80亿元增长3.2%；净利润为465.23亿元，相比上年同期的146.29亿元暴涨218%，甚至超越2022年全年净利润（356亿元）。①

我们常常在业界看到大量涌现的"独角兽"企业，它们往往通过抓住价值链上的某个切入点，形成一种独特的商业打法，并在极短的时间内以黑马之姿实现爆发式增长。但是，这个"一招鲜"却无法推动商业的持久运作，如果企业不能完成具有预见性的迭代与变革，那么其很快就会因某个突如其来的拐点或风波而遭遇致命打击。

任何企业的基业长青，都是建立在不断的组织变革与模式更迭之下的。在变革与迭代的过程中，新模式和老模式之间的切换、新系统与老系统之间的迭代、新方法与老方法之间的对决、新流程与老流程的革新……都离不开企业高层高瞻远瞩的战略性考量，都需要企业自上而下去主动适应。

企业求生存、谋发展，需要不时地思考是否需要对现有商业模式进行重构和优化。一般来说，可以从以下四个方面来判断企业是否需要进行商业模式的重构和优化。

（1）如果企业缺乏稳定的、优质的潜在客户，则可能是企业在客户需求定位方面存在误差，目标客户设计不够准确。

---

① 李水青.78岁任正非带头吹响号角！华为第三批军团创立，冲向这五大领域.智东西，2022年6月1日。

（2）如果企业有客户，但缺少稳定、优质的订单，则需要分析企业与目标客户之间是否存在交易方式上的不足。

（3）如果企业有订单，但企业没有稳定的现金流，则可能是企业价值环节组合存在问题，如价值环节过于薄弱，盈利来源非常有限，最终导致企业商业变现的空间狭小，变现额度自然也不大。

（4）如果企业有现金流，但利润空间不大，则可能是企业的商业盈利模式设计或市场竞争优势等方面存在问题。商业盈利模式设计不足，会导致企业"赔本赚吆喝"。而企业的商业竞争优势过低，则意味着企业在价值链上的话语权、议价能力和收益分配等方面处于劣势，甚至陷入被压迫和被盘剥的境地。

在实践中，企业要根据其现有商业模式中存在的具体问题进行商业模式的调整，比如，需求再定位，价值环节重组，交易方式重构，盈利模式优化，市场定位；或从多处下手一起调整。

举个例子，有一款产品，其成分营养健康，富含DHA，可提高胎儿智力；富含维生素E和抗氧化成分，可预防和祛除妊娠纹；还可以催乳，治疗尿疹、湿疹和蚊虫叮咬……如果这款产品的市场定位是所有人，那么它的市场销量不会太理想。但是如果企业把市场客户定位为孕妇、哺乳期妈妈、婴幼儿，进入母婴专卖店、妇幼保健院、月子会所、早教中心、高端幼儿园等场所去开展知识宣讲及产品推广活动，并提供精心制作的山茶油烹饪食谱，那么即便是售价定得略微高一点，也容易被目标

商业模式变现——一切为了变现，不能变现的商业模式是无效模式

客户所接受。这就是从客户重新定位的角度进行商业模式调整。

再以网络游戏为例，游戏最初是按个人在线时间收费，即卖点卡，消费者充的钱越多，玩的时间就越长。2006年《征途》上线后，中国网游的商业模式开始了第一次转型——游戏时间免费，售卖虚拟道具（卖装备），谁买的装备多，谁就厉害。后来，中国网游的商业模式又进行了第二次转型——游戏时间免费，设立虚拟道具交易所，游戏玩家打下的装备可以对外出售，不过，买卖交易时需要向游戏运营方交摊位费、交易税、增值税、所得税等税费。再后来，网络游戏还开启了广告合作盈利模式——开展电子商务合作，在游戏场景中植入广告，并将其进化为广告游戏，实现游戏公司和合作企业双赢。比如，跑跑卡丁车与百事的合作、魔兽与可口可乐的合作。网游《大唐风云》中有一款绿盛QQ能量枣，能为玩家增加游戏能量，助力游戏人物有更好的表现。倘若玩家产生了现实购买需求，便可在虚拟商店中下单，买到真实的绿盛QQ能量枣，由企业或店家通过物流配送到家。这是从交易方式重构的角度进行的商业模式的调整。

从企业战略发展的视角来说，只有及时淘汰掉不合时宜的商业模式，重新设计更合时宜的商业模式，才能让企业实现良好的、可预期的变现，从而让企业获得长足的发展。

第二章　业绩才是王道，项目盈利要趁早

企业从事生产经营活动，一个目的是从战略角度来占领市场，另一个目的则是最大化地赚取利润。企业只有不断创造业绩，尽早实现项目盈利，才能保持稳定发展。所以，项目盈利能力是考验企业经营水平的重要标准之一。

变现如造血，尽早盈利是铁律

企业是以营利为目的的组织。企业里的经营管理人员与基层员工都需要获得收益和报酬，以此保障个体与家庭的生存与生活。如果一个项目需要企业不断地注入资金和资源，却长期无法实现盈利，那么企业经营势必难以为继。因此说，选择适合的商业变现模式，尽早实现盈利，推动企业实现内部健康循环，才能让企业获得持续发展的动力。

每一种盈利模式都有其适应性，因此适合企业特征的盈利模式才更

有助于其实现盈利。比如，产品盈利模式通常以售价最便宜为根本。再如，小米研发的"巨能写"笔，每根售价1元钱，直接抗衡中性笔大佬晨光。在消耗品市场上，消费者往往更倾向于售价最便宜的商品，这是最基本的商业规律。一旦企业确定其盈利方式从产品而来，那就必须做好打价格战的准备。反之，如果企业希望获得高利润，则需要实施品牌盈利模式，来不断地提高品牌附加值。一般而言，消费者购买高价格品牌、奢侈品牌往往是基于该品牌承载的精神或情怀。而这种品牌精神或情怀又需要以时间的沉淀和大预算的消耗做支撑。

还有一种盈利模式被称为"模式盈利"，也就是隐形盈利。在这种盈利模式下，企业会把看得见的钱都分出去，赚背后看不见的钱。目前，很多互联网公司都采用这种盈利模式，将原本的主业免费，先抓住流量，待形成垄断地位之后再通过后端收费来获得盈利。比如，在所有手机比拼配置全和售价高时，小米以黑马之姿崛起，以成本价推出商品，促动盈利。小米通过这种模式获得流量后，在后端收费，并将业务拓展到更多生态领域。比如，小米生态中的电视，其功能和售价看似都合理，但是消费者在看电视和电影时却需要额外付费。

此外，企业还通过使用系统盈利模式（通过资源整合和项目外包）来为自己留存高利润的业务板块。很多科技型企业会采取外包模式，把高利润的研发、设计部分留给自己操作，把低价板块外包给生产型企业，进行贴牌组装，给自己节省固定成本投入，并留出更大的利润空间。

版权盈利是一种很高端的盈利方式，如技术、电影、歌曲、图片等都是有专利版权的。如果人们需要使用这些专利版权，就需要付费，而企业则只需要被动接受盈利即可。

当然，最厉害的盈利模式当数生态盈利。在这种盈利模式下，人们生活的方方面面都可能和这家企业息息相关。比如，当我们需要社交或购物、出行、缴费、理财等时，就会用到微信；当我们在工作中需要发邮件、发文档或进行工作沟通时，会用到QQ；而当我们想要休闲娱乐时，可能会玩腾讯旗下的游戏；等等。

对于企业来说，千万不要让视线只聚焦于产品或服务开发的价值意义或实现未来的某项战略上，而是要综合考虑企业的实际支撑能力，去选择更适合企业未来发展、能够让企业更快速变现并盈利的商业模式。尽早盈利，保持血脉畅通，这是维系企业正常经营的铁律；而面向长远的架构生态体系，获得长期的、更多的盈利，是企业谋求长远发展必须要考量的议题。

跑通现金流再扩张

变现如造血，企业有了现金流，才能正常运作下去。只有打开了现金流的通路，企业才有扩张的机会。如果企业一味盲目扩张，没有新鲜血液流入，那么企业经营势必很快陷入困境。

商业模式变现 ——一切为了变现，不能变现的商业模式是无效模式

盒马创立于 2015 年，借助"线上电商＋线下门店"的 O2O 新模式，打造了一个集"生鲜超市＋餐饮门店＋物流配送"于一体的全新零售体系。公开资料显示，到 2022 年，盒马已经在全国构建了 5 大枢纽中心、8 个供应链运营中心、百余个产地仓、销地仓，仓储面积超过 100 万平方米，此外还配备了 110 条干线线路。截至 2022 年 9 月 30 日，不包括开业不到 12 个月的门店，绝大多数盒马门店的现金流为正。2022 年 12 月盒马 CEO 侯毅接受媒体采访时表示，盒马在四个城市新开的门店均实现了首月盈利。

2022 年 11 月 17 日，阿里巴巴公布 2023 财年第二季度业绩（注：阿里巴巴财年与自然年不同步，从每年的 4 月 1 日开始，至第二年的 3 月 31 日结束）。财报中提到，本季度阿里巴巴的直营及其他收入同比增长 6% 至人民币 647.25 亿元，主要受惠于盒马收入的增长，其线上订单收入占比保持在超过 65% 的高水平。在该季度，盒马以供应链为底，以商品力为核心竞争力，提高毛利率，降低线上订单的履约成本以及提升运营效率，进而实现了健康的同店销售增长和显著减亏。

中国连锁经营协会发布的《2022 年中国即时零售发展报告》显示，未来几年即时零售复合增长率将会保持高位，预计到 2026 年即时零售相关市场规模将超过 1 万亿元。虽然即时零售发展迅猛，但是对于整个产业来说现金流转正却相当不易，无论是永辉这样的传统型企业还是每日

优鲜等互联网企业，亏损都几乎成为常态，所以说盒马的现金流转正是非常不易的。

在产业发展初期，企业可以通过不断融资烧钱来支撑现金流的稳定，但是一旦进入产业成熟期之后，稳定的现金流就成了驱动企业发展的关键。如果一个企业跑通了现金流，自由现金流转正，那就意味着其商业模式已经实现突围。毕竟，稳健的现金流才是企业真正的核心竞争力。

而对于企业来说，跑通现金流也会给企业带来再扩张的机会和实力。比如，2019年，美团股价之所以能够持续向上，就是来自其外卖业务被验证跑通。再比如，优步在公布2022年财报后股价大涨，也是因为其现金流情况持续向好。虽然仍有亏损，但其向好的自由现金流对外界释放了一个强烈的信号：该公司的网约车+外卖+货运的商业模式已经跑通，未来的成长空间较大，值得投资者关注。

对于任何企业和投资者来说，在任何项目开启之前都会通过小范围、小规模的实践来不断试错，以更新迭代盈利模式，跑通现金流，确认该项目可以创造可持续的盈利。在真正跑通现金流之后，再在这个项目的产业链上选择合适的位置进行深耕或扩张，并按既定的目标快速推进项目，这样才能最大限度地把控扩张和持续经营的风险。

现金成流才是企业的生存之本

不断增长的用户规模,是企业现金流的直接来源,而企业的现金流,则是企业的生命线。在企业发展过程中,现金流是最为重要的财务组成部分,其重要程度甚至远胜于利润。如果说利润会提高企业的造血功能,那么现金流就是血液本身,因此,打造现金流就如同给企业造血,对企业经营来说非常重要。

举个例子来说,现在有一家企业的经营情况是:7(收入)-10(成本)=-3(利润)。很明显,这家企业亏损得厉害,它的造血系统严重受创,造血功能几乎丧失。可是,我们并不能据此就判断说这家企业必死无疑。原因很简单,这家企业还有"血",即现金流。或许大家会觉得奇怪,一个利润为负的企业,其现金流何来?从现实的角度讲,企业现金流的来源很多,如资本积累、借贷、融资等,都可以成为企业的现金来源。

不过,从这家企业的经营情况来看,它未来倒闭的可能性还是非常大的。因为一旦企业的现金流断裂,它就必死无疑了。

再来看一个例子，现在假设一家企业的经营情况是：10（收入）－7（成本）=3（利润）。其利润率为30%，看起来是一家经营状况良好的企业，造血能力健全。那么，这家企业就没有倒闭的可能吗？答案是否定的。能够导致企业倒闭的原因很多，如企业无法做到专注聚焦，盲目扩张、四处投资，结果造成现金流断裂，最终也只会迎来倒闭的结局。

由此可见，现金流是企业的最后一条生命线，能让企业焕发生机，因此其在企业的经营过程中所起的作用显而易见。

乐视于2004年成立，初期以网络视频为其主要业务，于2010年在A股创业板上市。2012年，乐视正式发布了其"平台+内容+终端+应用"的四位一体的商业模式，采取多元化战略，开始建立乐视生态。此后，乐视的经营业务开始向影视、体育、终端制造等方面发展，形成了以乐视网为代表的上市公司体系和以乐视影业、乐视体育为代表的非上市公司体系。随着乐视的不断扩张，其涉及的领域也渐渐增加，金融、汽车、房地产等各个领域都可以看到乐视的身影。

乐视的财务战略自然也围绕着这种独特的商业模式而展开。由于乐视采用了扩张型战略，所以在战略实施过程中沿着公司规划的商业版图不断向外扩张。但在投资过程中，乐视一度出现过度投资、盲目投资的问题，导致其投资战略和公司的经营状况不匹配，公司现金流出现危机，资金链断裂。2017年，贾跃亭跑路并被列为失信执行人，乐视网因负债

• 商业模式变现 ——一切为了变现，不能变现的商业模式是无效模式

累累而陷于一片迷雾之中。2021年7月，乐视网的上市之路走到终点，在创业板退市。在员工坚持自治中，乐视网砥砺求生，并未破产，这是令人称奇的一点。但对于投资者来说，其对乐视商业模式的投资无疑是失败的，对于目前的结果也是无奈的。

很多企业，无论规模大小、盈利状况如何、市场占有率怎样，一旦失去了现金流这条生命线，其结局往往就是灭亡。因此，无论是企业还是投资者，都应以常态预期和运作去规划项目，以可靠的业绩为支撑去尽早盈利，拉动现金流，保障投资与可持续发展。

开门卖货，开门造车，用现金证明

在过去的时代，企业会先行研发，再以项目产品特点开展市场营销活动。随着时代的发展，市场和客户不再满足于被动地认知，而是更希望参与到整个产品的研发和入市的过程中，提出自己的想法和意见，实现自己的智慧价值。因此，企业运营任何项目时都不要闭门造车、纸上谈兵，在任何情况下都要做到开门卖货、开门造车，打造出稳定的现金流，这才是项目成功、持续运营的关键。

以新车制造为例，近年来，很多巨头纷纷进入智能汽车领域。2013

年,百度无人驾驶车项目起步。2015年下半年,百度便推出了无人驾驶汽车。2021年,雷军宣布小米将进军智能电动汽车市场,预计10年投入100亿美元,首期为人民币100亿元。此外,蔚来汽车李斌以"易车网"作为跳板进军汽车行业,小鹏汽车以"UC浏览器"作为跳板加入造车行列,两者均取得了不俗的成绩。

2022年6月,奇瑞汽车把"智能工厂探秘"搬进直播间。这次直播以奇瑞瑞虎7智能工厂的生产车间为背景,沉浸式探秘智能工厂。在直播间里,主播可以在线实时互动沟通,使用户从被动挖掘沉淀信息到主动获取信息,缩短品牌认知链路。在三天时间里,奇瑞的直播间观看人数突破60万人,单场直播观众突破21.4万人,单场直播增粉1.5万人。

奇瑞通过构建与用户的交流沟通场景,通过极具仪式感的工厂探秘,激发品牌与用户更深层次的情感互动,锁定目标用户消费心理,深入洞察用户需求,深度融合线上服务和线下体验,与用户建立更加亲密的情感价值链接,实现营销效果的最优转化,开启了立体化购车新模式。2022年,奇瑞汽车销量达到123.27万辆,年营收超过2000亿元。

闭门造车的时代已经过去。在如今的时代,如果企业不能关注不断变化的客户需求,就很难提供有价值的产品和服务,也就难以吸引客户的注意力,自然就无法拉动现金回流。所以,企业应当面向市场趋势,敢于开门卖货、开门造车,分析客户群的需求,把握客户的痛点,为客户提供独特的价值,这才是企业发展的关键。

信心如黄金,第一天就要盈利

对于项目的盈利,要保持足够的信心,这是推动项目顺利实施的动力引擎。对于项目负责人,要坚信自己的项目成果在上市的第一天就能实现盈利,对未来的盈利增长充满信心。

从心理学角度来说,行为者的信心会打造出一种势能。当项目负责人坚信自己能够完成某个项目时,他会全面调动自己的状态,使自己的运作思维呈现爆发式增长,积极主动、全力以赴地完成项目的实施,最终获得项目的成功,实现盈利,拉动现金流。同时,项目负责人与参与者推进项目的底气,也会形成吸引力,让投资者感到可靠。当人们与项目的接触达到一个量级之后,项目本身会获得越来越多的关注度,其可信性又会为项目吸引来更多的支持,由此形成项目实践的正向力量,使该项目在落实过程中获得更强大的助力与更及时的支持。

从实践角度来说,项目能否在第一天实现盈利,这也是对市场反应和用户认可度的初步验证。项目成果是否能够吸引目标消费者的注意力和兴趣,是判断市场潜力的重要指标。如果项目能够获得较高的关注度和品类兴趣,这代表着潜在需求不错。这是该项目持续推行的前提条件,也是修正与改进项目定位、更快满足市场需求的关键。而项目盈利情况则从侧面展示了该项目或成果的市场接受度，这是项目持续开展、扩大规模的基础与保障，是后续筹划、调整、优化的重要参考。

总体来说，项目第一天是否能够盈利，这不仅是一个判断项目成功与否的标准，更重要的是，它可以帮助我们更好地辨识市场情况，判断商业模式的可行性，为下一阶段项目的推进提供基础数据与经验。而对项目第一天盈利情况的准确和冷静的认知，也会使项目参与者围绕接下来的项目推进工作做出更准确的判断和决策。

现金流稳定是项目闭环的标志

一个项目实现了稳定的现金流状态，是成功实现项目闭环的标志，也是企业蓬勃发展的重要因素之一。如果一个项目始终处于资本投入与消耗状态，没有形成契合市场和客户需求的产出业绩，没有形成稳定的现金流入，那么这个项目就会如同陷入一个无底洞，待原始资金消耗殆尽时即宣告终结或成为烂尾工程。

实际上，很多烂尾工程大多与资金链断裂有关。在石家庄，曾经要建造一个被誉为"东方威尼斯"的梦想工程——祥云国际。这个项目的地理位置优越，邻近火车站和地铁站，规模极为庞大，总投资170亿元，占地面积1 800亩，其中包括1 300多亩的住宅和400多亩的商业设施。但在2014年，因河北联邦集团资金链断裂，这个曾经的梦想工程停止了脚步，成为石家庄市乃至河北省最大的烂尾楼。2016年，河北联邦集团申请破产重整。通过公开招募，中科建设开发总公司、哈尔滨爱达投资置业有限公司先后被确定为破产重整投资人，但后来均因资金和重整能力问题退出重整。直至2021年，石家庄市住建集团与管理人签订《河北联邦集团托管协议》，2022年，管理人公开发布招募重整投资人公告，着力解决祥云国际项目重启问题。2022年6月，祥云国际开始复工续建。烂尾多年的祥云国际，几经起落，终于迎来重生的机会。

任何项目的运作都需要以稳健的现金流来维系。从规划角度来说，在项目立项之初就要以项目现金流为核心，制订项目现金收支计划，开展项目现金流管理，做好企业现金体系建设。在项目推进过程中，项目负责人和参与者更要努力拉动现金流入，避免一味单向的现金流出，以保障收支平衡促进项目持续推进，助力项目成果的早日输出。而当项目越早创造出业绩与成果时，项目和企业所获得的商业发展空间和生命力才会更大和更持久。

第三章　中小企业更应该专注商业模式变现

任何企业都必须重视商业模式变现，尤其是中小企业更应该专注于此。中小企业受制于规模与资源实力，其在特定商业模式下可支撑的经营周期要相对短一些，如果变现速度不够快，企业便可能因资金链断裂而快速破产。加速商业模式变现，以商业模式放大变现能力，可以说是中小企业发展下去的唯一出路。

电商时代的闪电式变现模式

随着互联网的快速发展，电子商务已经成为人们日常生活中不可或缺的一部分，而电商平台也成了电子商务的重要载体之一。为了能够持续发展和提高盈利能力，电商平台采取了多种变现方式，如表3-1所示。

表3-1　电商平台的变现方式

变现方式	变现说明	计费模式
会员变现	这是电商平台面向用户而采取的一种变现方式。平台可以为用户提供一定的会员权益，如优惠券、积分、礼品等，而用户则需要支付一定的会员费用，才能享受这些权益	根据会员费用、会员数量以及会员权益的种类、价值等因素进行计费
广告变现	这是电商平台面向商家采取的一种变现方式。平台可以把广告位租给商家，让商家在平台上展示广告，从而获取广告费用	根据广告的曝光量、点击率、转化率，以及广告在平台上的位置、形式、时长等因素进行计费
佣金变现	是指平台为商家提供销售渠道，商家在平台上销售自己的商品时，平台可以从中获得一定比例的佣金	根据商品的种类、价格、销售额、销售数量等因素进行计费
物流变现	这是一种比较特殊的电商平台变现方式。平台可以为商家提供物流服务，商家需要支付一定的物流费用后才能使用这些服务	根据物流费用、货物量以及物流服务的质量、速度等因素计费
增值服务变现	这是电商平台新兴的一种变现方式。平台可以为商家提供店铺装修、SEO（搜索引擎优化）、数据分析等增值服务，而商家则需要支付一定的费用才能使用这些服务	根据服务的种类、费用、使用率、质量、效果等因素计费

非平台电商的变现模式是一种利用社交媒体渠道将产品发布到线上、线下实体店的商业模式，是当今时代最具有前瞻性的商业模式之一。它将社交媒体的概念与实体店的实践结合在一起，既能够利用社交媒体渠道获取更多的潜在客户，又能够利用实体店的实体体验激发客户的购买

欲望。社交媒体渠道可以帮助企业更好地宣传产品，吸引更多的潜在客户，来更好地控制客户的购买行为，提高销售量和收益；而实体店则可以让客户更直观地体验产品，从而提高客户的满意度。

以抖音平台上的主播为例，当其积累到一定的粉丝数量，有了一些优质的内容输出以及能够与用户进行良好的互动之后，实现快速变现就相对容易些。一般来说，主播（号主）可以通过创作者计划、品牌合作、直播销售、粉丝转化等方式来实现快速变现。通过成为抖音认证创作者，主播可以在视频中插入广告，获得广告收益。如果主播在抖音上拥有一定的影响力和知名度，那么就可以与品牌合作，获得赞助费或代言费。此外，主播还可以通过直播平台展示产品并进行销售，吸引观众购买并获得收益。这对于具有销售技巧和感兴趣的人来说就特别适合。同时，抖音所提供的直播带货功能，使得直播销售更加便捷。最后，主播还可以通过粉丝专属福利、专属内容等方式吸引粉丝成为付费会员，实现变现。

随着市场需求的变化，商业变现模式要考虑针对性、变化性、新颖性。这就要求企业投资者和经营者树立"闪电战"的理念，要以创新思维和逆向思维去规划一种商业变现模式，做到在最短的时间内吸引客户并获得客户认可，从而实现闪电战式变现。

承认变现节奏加快的新现实

时代变化在加快，我们必须承认，商业变现的节奏也需要加快。

刻意拉长的变现周期，最终可能难以获得理想的变现效果。比如一些 App 平台，最初以免费获取较大的客流量或使用率。一些经营者认为，当用户在较长时间里习惯了"免费使用"，便会因习惯而不得不继续使用。而事实上，有相当一部分用户因难以接受曾经的"免费"变"付费"而选择放弃该产品或服务。因此，不如在最初就设定免费试用和付费，让用户最开始就明确该商品或服务的特性，同时也可以缩短商业变现周期，加快商业变现的速度。

变现节奏加快，还体现在研发创意、服务等不同阶段的快需求上。很多企业针对同一类商品创意的规划是趋近的，所以企业必须确保其产品从研发到试产的过程足够快，缩短从构想到现实落地的路径时间，避免用户在等待中失去耐心。

近年来，很多商家开始以轻资产运营的方式来抵御行业大环境的风险，通过预售方式降低库存积压量。2022 年 5 月，有关网红电商预售的话题引发了大量讨论。在社交平台上,"讨厌预售"的话题已经有近千万浏览量,网友对于动辄预售、预售时间超长的问题吐槽连连:"夏天买的衣服,现在快到秋天了,却还没发货。这种预售是在考验我对店家或品牌的忠诚度吗?""从现货到预售 7 天,再到预售 15 天,甚至预售 45 天,我觉得我是在花钱找折磨、找罪受。"很多网友表示自己对商品预售形式和行为失去耐心,已屏蔽预售商家和预售商品。可见,预售带来的糟糕的购物体验,已经招致消费者或用户的反感,从而对商家也形成了反噬效应。

在如今的市场环境中,"快"的服务也日渐成为对企业的基本要求。如果企业发货不够快、服务不够快、售后维修不够快,那么企业服务质量就谈不上优质,更无法拥有大量的忠诚客户。而若想让企业以"快"构筑起其核心竞争力,就必须先达成"业内最快"的效果。这也是加快变现节奏的基础和前提所在。

经营者思维对变现的直接影响

一些企业在商业竞争中变现失败、经营失利,从表面上看可能是受到行业趋势的影响,但实际上与经营者的思维观念密切相关。对于企业来说，经营者就像人体的大脑，企业整体的发展经营需要经营者这个"头部"的指挥——经营者指向哪里，员工就跟着打到哪里。经营者的思维最终会渗透到企业的方方面面，影响着企业的正常运营与变现结果。

对于企业来说，特别是对于中小型企业来说，落后的、错误的、僵化的思维观念，不适合企业发展经营的思想，已经占据经营者、企业主的头脑中，那么这些思想就会在企业运营的各个方面显示出束缚性和负面的影响力。换言之，经营者的弱势会呈现为企业的弱势，而企业经营者的优势往往会呈现为企业的优势。

仰融是资本运作的天才，也是实业运营的实干家。华晨金杯、华晨宝马、中华轿车等都是仰融入主沈阳金杯客车后的杰作。在仰融出局前，华晨的实业和资本处于双向良好的状态。后来，仰融想与英国罗孚汽车公司合作，并把合作项目放在浙江宁波。但是，辽宁当时想把汽车产业作为全省的重点产业，把沈阳建成"中国的底特律"。也就是说，仰融的发展经营策略与辽宁的产业政策背道而驰。2002年，仰融与当地的谈判破裂，被迫出局。随后，接手"华晨系"的经理人未能更好地分析清楚局势，华晨汽车也随之一步步从辉煌走向衰落。2020年11月，国内自主品牌汽车迎来寒冬，华晨汽车财务状况持续恶化，现金流断裂，因巨额负债违约、信用评价持续下降而走上了破产重整的道路。

蒙牛创始人牛根生具有强大的逆向思维能力，在中国企业家中可以说是一个当之无愧的传奇。在蒙牛创立之初，牛根生一改"先建工厂，再建市场"的传统模式,而是反向操作——先建市场,再建工厂。由于他当时的启动资金非常少,所以他决定将有限的基金先集中到市场营销和推广活动中,然后再将全国的牛奶工厂变成自己的加工厂,这在当时是一种极具创造性的商业模式。在没有一头奶牛、启动资金只有300万元的情况下,牛根生集中资源,先行主攻市场,形成了轰动性广告效应,几乎在一夜之间打出了"蒙牛"的名气。当蒙牛在市场上打出名气之后,牛根生开始联手中国营养学会开发新的产品。随后,与国内的其他乳品厂合作,蒙牛负责投入技术、品牌和配方,采用托管、承包等形式,将生产环节交给各地的乳品厂。就这样,在牛根生的逆向思维指引下,当年的蒙牛用数月时间完成了一般企业数年才能完成的规模扩张,最终跻身于中国乳业顶尖企业行列之中。

在大多数时候,企业的人员跟着头部前进,商业模式的成功实现需要来自企业上下步调一致、齐心协力。华晨汽车更换了操盘旗手,后者难以更好地理解之前操盘人所采用的战略思维与经营理念,导致华晨汽车的商业运作接续困难,最终企业资金链断裂,持续变现失利。牛根生采用逆向思维,创新性地设计了一种独特的商业运作模式,使企业能够在资金有限的前提下持续运作、快速变现,促使企业经营走向了一个正向的循环状态。这都是经营者思维对商业变现的最直接影响效果,也凸显出经营者思维之于商业成功的重要性。

从商业实践的角度来说,经营者应具有以下几种思维,以便对企业的商业变现发挥出正向、积极的指引作用，助力企业实现持续的商业变现。

1. 战略性统筹规划

为了实现企业愿景和战略目标，经营者不仅要像一位船长那样，清晰地知道自己的定位和目的地，会制定航线图，确定航向、航速，根据海洋海域特点及气候变化调整航程等；同时，经营者还要有长远的战略眼光，能够做到高瞻远瞩、居安思危，把握发展的战略机遇，规避战略失误及陷阱。

2. 逆向思考找方向

创业与经营的逆向思维是指经营者在进行投资决策分析时，敢于站在绝大多数人的对立面。投资者要客观而冷静地分析当下所面临的现实问题，而不是随波逐流，直接复制其他企业的成功经验，因为适应其他企业的模式，未必适合本企业的现实。比如，对创业投资项目的分析，经营者要全力跳出自身盈亏的局限，站在整个市场发展趋势的角度去分析问题；经营者要摆脱个体情绪的影响，客观地分析投资项目的未来走向和真实价值。

3. 持续创新商业模式

经营者在某个阶段商业变现成功后，往往会形成路径依赖，形成思维定式。然而，成功的经历只能代表过去，任何"成功经验"都只能在特定的条件下使用，都存在着局限性和有效期，一味重复过去的行为并不能确保持续得到理想的结果。经营者要学会创新思考，切换商业视角，适当地更换商业赛道，重新定义问题，持续开拓新的商业变现之路。

优秀的经营者思维具有变化性、随适性，"运用之妙，存乎一心"。而经营者的思维理念是否正确，是否适合企业，则关系着企业接下来的运营是否顺利，是否能够更快地变现，以实现更迅速、更准确地进入下一个商业小周期。

残酷——三个月就是一个小周期

变现节奏加快，使得变现周期变短。如今，商业模式转化的小周期已经缩短至三个月。

在短视频领域，从短视频初代网红papi酱到代古拉K、毛毛姐……大部分火起来的网红都有其生命周期，而且网红的生命周期越来越短。贝壳视频创始人刘飞曾说，"大多数短视频网红'生命周期'就半年，甚至只有两三个月，这是很残酷的事"。从受众角度来说，快时代下的人们很容易被其他事物吸引注意力，对一个事物保持3个月的持续关注已经算是"长情"了。而一旦网红生命周期结束，就很难再实现商业变现。

一些短视频平台会通过算法和流量制造现象级网红，来扩大垂直市场用户的整体参与度，并以此来拉动用户增长。有的账号可能做到了数百万粉丝，但是流量发生变化之后，粉丝可能开始流失。这时，如果再推动商业变现，就变得困难重重了。

以抖音为例，其流量规则经常变化，有时扶持A类型账号，过段时间又可能去扶持B类型账号。比如，抖音之前扶持乡村振兴。2021年12月，张同学在抖音走红后迅速破圈，在两个月内迅速吸粉1 600多万。不过到一年之后，张同学粉丝仅涨了两百万。再后来，抖音又扶持全民健身，刘畊宏大火。2022年4月开始，刘畊宏直播间连续半年月累计观看人数突破1亿，后来又跌至不足6 500万。

因此，在短视频领域，把握最短变现周期，从内容质量角度去吸引粉丝、维护粉丝，拉长商业变现周期，就显得尤为重要。在其他领域也是如此。

而从商业投资者和经营者的角度来说，商业要创造价值，不会给人们留下太多去计划和实践的时间，因此人们需要更快速地去实现变现。投资者和市场通常会给出三个月左右的时间，如果企业经营者和项目实施者在三个月内没有创造出实实在在的业绩，没有给企业带来相应的进步或改变，就相当于宣告这个项目失败了。而一些企业在对项目实施者进行周期考核时，也会以三个月作为考核周期，以可量化的数据对人才能力和业绩进行理性评估。可以说，三个月不仅是商业变现的小周期，也是企业人才选拔的一个周期。

好模式可以对冲波动风险

市场波动的不确定性和变化性给企业经营带来了巨大的挑战。那么如何打造企业的商业模式，来应对市场波动风险、维系企业的可持续发展，就成了每个企业创立者和经营者都必须面对的难题。

根据经济学理论，波动主要受经济周期波动、政策变化以及竞争加剧等因素的影响。其中，经济周期波动是市场中的一种极为常见的现象。随着市场经济周期的持续变化，企业所面临的市场需求、消费习惯、投资意愿等因素也会发生不同程度的改变。而且，经济周期的萎缩期可能导致市场需求大幅下降，而繁荣期则可能带来市场需求的猛烈增长。这些波动会给企业的经营计划带来很多不确定性因素，所以，企业经营者必须打起十二分精神来加以灵活应对。

当然，政策的变化也是造成市场波动风险的一个重要因素。各地政府在制定和调整政策时，往往会对行业产生不同程度的直接或间接影响。政策的调整可能涉及税收政策、贸易政策、产业政策等很多方面。在大环境的影响下，这些变化也会对企业的经营计划产生影响，同样需要企业及时应对和有效调整把控。

此外，企业还需要承受来自各个领域和行业的竞争压力。比如，要承担来自传统竞争者和新兴竞争者的双重挑战，也要承担来自企业内部的一些调整变化。因为竞争的加剧可能导致市场份额减少、产品价格下降等问题，影响企业的盈利能力和市场地位。在竞争激烈的市场环境下，企业选用的商业模式必须能够有效应对市场竞争者的多重挑战，帮助企业在不断变化的商业环境中保持独特的竞争优势。

当然，好的商业模式设计，必须考虑是否能够有效应对对冲波动风险，使企业能够在动荡的市场环境中保持自身的竞争优势和稳健发展，同时获得更多的发展机会和增长潜力。

成都国美电器连锁商店是国美电器股份有限公司在成都地区的分支机构，是一家享有极高声誉的大型连锁电器销售企业。其商业模式的设计主要包括这样几个方面，具体如表3-2所示。

表3-2 成都国美电器连锁商店的商业模式设计说明

模式	说明
多元化产品线	成都国美电器连锁商店提供全面的家电产品，包括电视、空调、冰箱、洗衣机、厨卫电器等。这一多元化的产品线可以满足不同消费者的需求，使得顾客可以在一个地方购买到所需的所有家电
经字号店与专卖店相结合	成都国美电器连锁商店设有多家以经字号店为主的大型连锁店，同时还设有一些专卖店。经字号店常常位于购物中心或者人流量较大的地段，面积较大，能够展示更多的产品和品牌；而专卖店则专注于特定品牌或者特定类型的产品，提供更专业的服务
私人定制服务	成都国美电器连锁商店通过专业销售人员为顾客提供私人定制服务。销售人员会根据顾客的需求和预算，向其推荐最适合的产品，并提供详细的产品介绍和比较。这种个性化服务能够提升顾客的购物体验，增加顾客的满意度

续表

模式	说明
多渠道营销	成都国美电器连锁商店通过包括实体店、网上商城以及第三方电商平台多个渠道进行销售和宣传,覆盖更广泛的消费群体,并提供更多元化的购物体验
会员制度	设有会员制度,顾客可以通过会员卡享受更多的优惠和服务。会员可以在成都国美电器连锁商店参加定期的促销活动,享受专属的礼品和服务,并可以通过消费累积积分,换取相应的优惠
售后服务	成都国美电器连锁商店非常重视售后服务,为消费者提供完善的保修和维修服务。无论是在产品使用过程中出现的问题,还是在保修期内需要维修,顾客都可以享受到专业的维修服务,保障了产品的质量和使用体验
合作伙伴关系建设	成都国美电器连锁商店与多个家电厂家建立有紧密的合作伙伴关系,与之进行长期稳定的供应合作,确保产品质量和供货的稳定性

通过上述商业模式,成都国美电器连锁商店在激烈的市场竞争中长期立于不败之地。多元化的产品线和个性化服务,满足了不同消费者的差异化需求;多渠道的销售能够覆盖更广泛的消费群体,使不同销售渠道的销售效果得以激发和平衡;而体系化的会员服务、售后服务和合作伙伴关系建设则有助于提高产品质量和提供更优质的购物体验,降低了消费群体和供应商的波动风险。这种成功的商业模式为消费者带来了更好的购物选择,也使企业在面对市场波动风险时有了更强的对冲能力。

在面对市场环境变化和经济波动时,中小企业不妨多多考量可能遇到的波动类型与可能遇到的挑战,然后从对冲角度考虑商业模式设计,以系统化的模式和布局减少波动给企业经营带来的负面影响。

• 商业模式变现 ——一切为了变现，不能变现的商业模式是无效模式

用商业模式放大变现能力

　　一般而言，企业需要以产品或服务为价值载体，激发人们的认知与认同，从而达成变现条件。对于企业来说，有一个好的商业模式，成功就有了一半的保证。商业模式本质上是企业的赚钱途径或方式。比如，饮料公司通过卖饮料赚钱，快递公司通过送快递赚钱，网络公司通过点击率赚钱，通信公司通过收话费赚钱，超市通过平台和仓储来赚钱，等等。这些都属于商业模式。一种好的商业模式不仅可以保障企业变现目标的实现，还可以放大企业的变现能力。

　　随着市场需求日益清晰化，以及各类资源被越来越准确地界定，商业机会将超脱传统的基本形式而逐渐演变为创意（商业概念），包括如何满足市场需求或者如何配置资源等核心计划。随着人们对商业概念的重新认识，商业概念的内涵也变得日益复杂，涵盖了产品/服务概念、市场概念、供应链/营销/运作概念等各类概念。而后，一些准确且具差异化的商业概念在实践中逐渐成熟起来，慢慢演变为一种相对完善的商业模式，进而形成一套将市场需求与资源有机结合起来的系统。

　　从商业模式的形成逻辑来看，商业模式可以被视为"一种包含了一

系列要素及其关系的概念性工具，用以阐明某个特定实体的商业逻辑"。其具体表现在：商业模式描述了企业能够为客户提供的价值，以及企业用以实现（创造、推销和交付）这一价值并产生可持续盈利收入的要素（内部结构、合作伙伴网络和关系资本等）。所以，如今的中小企业更注重对商业模式的创新，放大自身的变现能力，实现更高效率的变现。

1. 把握商业模式的基本设计元素

商业模式是一种简化的商业逻辑，是一系列元素的逻辑。如果我们从商业活动的流程来看，商业模式具体包括这样几个要素，具体如表3-3所示。

表3-3 成功商业模式的核心要素

核心要素	说明
价值定位	企业要明确客户的具体需求和客户遇到的各类问题，提出针对性的解决方案。企业需要从客户的角度出发，来判断这套解决方案所能获得的收益
目标市场	企业通过各种营销方式吸引客户群，并向客户们销售产品或服务。目标市场主要包括具体的市场、市场规模以及购买商品的方式
销售和营销	企业确定了目标市场后，需要考虑如何接触到客户，贴近客户的需求。企业需要找到适合企业产品、服务、客户的营销方式，并制订一套具体可行的营销方案
生产和分销	企业需要考虑如何生成产品和服务，比如，是由自己生产，还是实施外包，还是由自己来组装外购的部件。企业考虑生产方面的关键问题在于评估产品进入市场的时间和成本。同时，企业需要确定产品的分销方式和范围，比如，网上销售、店面销售还是全球销售等

续表

核心要素	说明
收入模式和成本结构	企业需要提前明确成本结构，确认企业都有哪些成本，以及维持企业生存发展所需要的成本，然后，再为企业制定合理的收入模式
竞争优势	企业需要了解自身面对的竞争对手。如果没有竞争对手，就很可能意味着没有市场。如果一个企业有10个以上的竞争对手，那么说明当下市场已经处于饱和状态。所以，企业需要分析其外部竞争环境和人为因素，找到自己产品或服务的独特优势；通过制订一系列的配套方案，培养企业持续的竞争优势
市场大小、增长情况和份额	企业进入一个行业需要考虑市场前景，主要是关注市场增长率和市场占有率。比如，产品的市场有多大？市场是在增长还是在缩小？能获得多少份额？这些都在商业模式的考虑范围内

2. 逐步提高商业模式的变现速度

举例来说，过去，餐饮行业一直高度依赖于厨师的个人技艺，而近年来，"中央厨房"和"预制菜"的模式已经被广泛采用，菜品的采购环节和预处理环节均实现了集约化和统一化，在采购价格、人力成本等方面形成显著优势。这种生产过程集约化的设计，使企业变现速度明显加快。

再比如，一些航空公司推出"随心飞"业务，在增加了客流量的同时，也帮助企业预先获得收入，缓解了运营资金紧张的状况。这是一种交易方式的创新带来的变现提速。这给我们一个启示：如果能够挖掘用户潜在的新价值需求，从而有针对性地对交易环节进行调整，就有可能提高企业的变现速度。

3. 设计难以复制的商业模式

企业通过确立自己与众不同的商业模式，如对客户的悉心服务、良好的实施能力等，来提高行业的进入门槛。以直销模式为例，很多人都知道直销的运作模式，也都知道哪些企业是直销模式的标杆，但人们却很难直接复制其商业模式。其根本原因在于，直销模式的背后实则是一整套完整的、极难复制的资源控制和生产流程。

而独特的商业模式可以为市场提供独特的价值，可能是新的思想，也可能是产品和服务独特性的组合。其中这种组合要么可以向客户提供额外的价值，要么能让客户用更低的价格获得同样的利益，或者用同样的价格获得更多的利益。正是因为独特的商业模式所具备的独特价值，才使得其受到很多投资者和消费者的喜欢。

4. 可复制的商业变现模式

与商业模式的难以复制相反，对于企业自身来说，其商业变现模式需要是可复制的。商业变现模式的强大来源于它被高效率复制的潜力。成功复制商业变现模式可以大大降低企业的试错成本，同时为业务规模的扩张带来新的可能，帮助企业在短时间内捕捉一些市场需求的增量。企业商业实现模式的复制甚至可能是跨地域、跨行业、跨产品、跨客户群的，由此企业可以横跨几乎所有的业务领域，突破任一行业增长天花板的限制。

当企业的商业变现模式可复制后企业就要通过构建产业生态系统、提高用户转换成本等这些行之有效的方法来构筑商业变现模式被外界复制的壁垒，以保证本企业的变现能力和变现效果。

总之，企业的商业变现模式要具有一种非常突出的特性：自己能复制但别人不能复制，或者自己在复制中占据市场优势地位。

• **商业模式变现**——一切为了变现，不能变现的商业模式是无效模式

利润是企业过冬的"棉袄"

如果说现金流是企业的血液，那么利润就是企业过冬的"棉袄"。

2022年8月，华为内部论坛曾上线了一篇关于《整个公司的经营方针要从追求规模转向追求利润和现金流》的文章。任正非在这篇文章中表示，未来十年是一个非常痛苦的历史时期，全球经济会持续衰退，华为应改变思路和经营方针，从追求规模转向追求利润和现金流，保证渡过未来三年的危机。如今来看，华为经营方针落实的效果显著。2023年8月11日下午，华为公布2023年上半年经营业绩，今年1～6月实现销售收入3109亿元，同比增长3.1%，净利润率15%。这半年的净利润率为2022年同期的3倍，这表明华为盈利能力在迅速恢复与提升，华为整体在朝着上述发展方针和目标前进。

当然，企业也需要考虑利润率之于企业的适宜度。人们普遍认为，部分行业的整体利润率相对较高，而另一部分行业的利润率又相对较低。比如，从事游戏软件行业往往被人们视为整体利润率较高的行业。但是，

判断企业的利润率高低时，不应该单纯根据企业所属行业来判断，也并非所有游戏软件开发企业都能长期保持高利润率。一般来说，当一款游戏软件在市场上持续畅销时，企业的利润率会极高，但是如果这款游戏软件在市场上冷遇，那么其利润率就会急转直下。所以，对于"游戏软件企业的利润率是否丰厚"的评价，并不能一概而论。换言之，无论身处哪一行业之中，企业都有可能创造出合适的利润率。即便选择进入了一个被普遍认为"低收益"的行业中，企业也有可能通过实施有效的成本控制方法来创造高利润率。

"日本经营之圣"稻盛和夫对制造业的利润率要求进行了重点分析。他举例指出，如果人们运用全部能力制造各类产品，而后所得的利润率约等于银行利率，那么从商业盈利角度来说，就没有必要继续经营下去。一个企业至少应该实现高于银行利率一倍的利润率——创造10%以上的盈利，才有持续经营的意义。稻盛和夫认为："要想经营一项事业，如果无法实现最低10%的税前利润率，那就等于还没有进入经营管理的大门。而所谓的高收益，最少也是指15%～20%的利润率。"这就是稻盛和夫针对高收益所设定的标准，而他也是以这个标准在企业经营与成本控制上全力以赴，建立适宜的企业经营体制，并鼓励企业上下不遗余力地为之奋斗，由此努力实现高收益——将利润率提升到10%以上。

总体而言，企业要做到量入为出、收支平衡。这个目标看似简单，但是要想年复一年、日复一日地持续做到，却并非易事。因此，企业必须明确企业的利润从哪些方面来，企业的产品和服务如何吸引客户，并为企业创造利润等。进一步说，企业要结合行业特质来设置合理的利润率，以确保企业的利润收益能够持续拉动企业运营，使其有能力经受市场严冬的考验。

第二部分
"一鱼多吃"式的增量创造

第四章　存量时代如何做增量

存量时代下依然蕴含着增量机会，只不过对企业提出了更高的要求。在过去的时代，企业可能只需抓住客户的某一种需求，就可以大有收益；而到了如今，如果想要在红海中有所突破，就必须面对更加苛刻的条件，在夹缝中寻求增长之道。

"一鱼多吃"创造变现增量

在存量时代，不论是企业还是个人，都应勇于尝试"一鱼多吃"，创造更多的转化机会，扩大变现的增量空间。

2015年，爱奇艺通过优质的VIP会员付费内容，打破了网络视频商业模式的瓶颈，催动了网络视频产业格局从播出平台向娱乐生态的转型。随后，高品质、高人气的内容，可以获得更多的收入分成，内容生产也可以获得更大的发展空间，马太效应彻底激活了内容生产，成为网络内容的格局拐点。爱奇艺开放平台实现了商业模式的全方位扩展，合作方可以同时获得版权收入与广告和会员收入。这不仅有利于内容创作者实现价值的最大化，更代表了内容创意从生产售卖的传统模式，向"赋能—生产—分发—多维变现"的生态型商业模式的转变。

2023年3月，爱奇艺裂境工作室打造了《风起洛阳》VR全感剧场。该项目是爱奇艺"华夏古城宇宙"之洛阳IP"一鱼十二吃"的重要组成部分，在"洛阳"IP基础上进行二次创作，并由科技赋能线下，创新性地运用"实景演艺"+"VR全感互动"模式，将沉浸式戏剧、角色扮演、真人演绎等多元形式融合，以游戏体验、VR技术、影视剧情协同的方式，为玩家打造出仿佛置身于神都洛阳的线下沉浸式娱乐体验。

爱奇艺以"一鱼多吃"的策略，建立了由广告、用户付费、出版、发行、衍生业务授权、游戏和电商组成的货币化矩阵，这意味着未来文娱产业的成熟商业架构将随着文娱生态的进一步发展促进产业链各环节细分市场的价值提升。2023年8月22日，爱奇艺发布截至6月30日未经审计的第二季度财报。财报数据显示，爱奇艺第二季度总营收78亿元，同比增长17%；会员服务营收49亿元，同比增长15%；日均订阅会员数1.11亿。

"一鱼多吃"是指将IP通过文学、漫画、游戏、影视等形式进行转化，形成IP品牌价值赋能及一定的用户规模，再通过广告、用户付费、出版、发行、衍生品、游戏和衍生品等组成货币化矩阵，形成一套文娱产业的商业变现模式。这种模式能够让用户对 IP 的喜爱与共情转化为直接或间接的消费，促进产业链各环节细分市场的价值提升。在这个竞争激烈、用户饱和的时代，如何正确开启"一鱼多吃"模式，是影响变现增量的一个重要方向。

核心竞争力模式依然是变现之本

如果想要实现变现增量，那么必须遵循这样一个原理——根据地原理。这个原理的意思是以原有的核心竞争力为基础，不断地强化和拓展这个竞争力。

中国共产党领导下的中国革命，开始时曾试图在大城市直接武装夺取政权，发现这条道路走不通后，便在井冈山建立了第一个革命根据地，重新积聚了革命力量，保留了革命的火种。从此，中国革命走上了农村包围城市的道路，根据地的数量越来越多，地盘越来越大，最终夺取了全国革命的胜利。

可以说，根据地是中国革命走向胜利的依托。企业经营同样需要打造根据地。只有有了专属于自己的"根据地",在"根据地"上建立紧密的生态价值网络,形成自己的竞争堡垒,企业才有立足之地和足够大的竞争力,也才有机会去拓展更大的市场空间。

1. 立足根据地原理,提升核心竞争力

根据地原理不仅能够帮助企业稳固和提升原有的核心竞争力,还能够帮企业强化和拓展其他能力与资源。根据地原理根据类型的不同又分为能力根据地和资源根据地。

能力根据地,是指在原有能力的基础上整合新能力,从而形成更强的核心竞争力。比如,一个以写公文为主的公务员想要到传媒行业工作,就可以写作能力为根据地,拓展写作边界,给杂志或公众号投稿,逐渐实现职业转换。

资源根据地,则是指在原有资源的基础上整合新资源,从而形成更强的核心竞争力。比如,一个卖茶叶的店,希望扩大经营范围,就可以茶叶资源为基础去拓展新业务,比如茶馆、茶道培训班等。

随着我国家电的增量市场逐步迎来瓶颈,诸多家电企业必须在更加激烈的存量市场中打造一套全新的核心竞争力。2023年8月24日,美的以"人感科技"的视角,给家电产业提供了一套全新的产业转型思路。所谓"人感科技",就是从"人"的角度出发,倒推研发层面,推动智能家电由"工具化"向"服务化"转型。比如,在过去,人们使用家电时往往处于被动选择状态。如在使用空调时,有的用户会觉得需要经常调整温度——设定一段时间的温度和出风量之后,会感觉舒适度总是欠缺了一点,又需要再次调整空调设置。这类细节问题就是决定人感的核心。基于此,美的推出了"人感科技"战略,要让科技变得更"人性化",让家电得到针对性的改良,主动去适应"人"的习惯。比如,美的推出的"全屋空气"系统,就是借用AI的监测与调控能力,针对不同的情境为用户打造出更舒适的空气环境。这种战略方向的转变和产品细节的变化,将成就美的的全新竞争力,使其获得更多用户的认可。

当然,从变现角度来说,任何变现都需要核心竞争力。因此,立足根据地原理,强化和提升核心竞争力,拓宽经营边界,才能为企业带来变现增量的可能。

2. 以突出的企业特质夯实竞争壁垒,增加变现可能性

企业要突出自己的核心竞争力,打造竞争壁垒,这样会更有助于提高企业商业变现的可能性,降低变现的难度。毕竟,从常规思维角度来说,任何消费者都会更倾向于以更低的价格选择更高端的产品或服务。那么,企业如何突出自己的特质,打造出竞争壁垒呢?

一般而言,企业可以打破两类竞争壁垒:技术壁垒和品牌壁垒。打破技术壁垒,一般是以科学技术为支撑条件,通过法律、法令、条例、技术标准、认证制度、卫生检验检疫制度、产品检验程序以及产品包装、规格和标签标准等,来提高对产品的技术要求。这对于那些尚未生产该产品的其他制造企业来说,会成为一道跨越难度较大的门槛。

以婴童安全座椅产品的制造为例，不少企业对安全座椅的未来发展空间极为看好，故而表现出诸多探索动作。但是，当他们真正进入该领域后却发现：在儿童安全座椅的设计与制造的行业标准中，安全技术指标要求非常高，甚至部分企业自主研发出来的一系列技术标准，竟然比行业标准还要高。

目前，好孩子公司堪称国内儿童安全座椅品牌的"领头羊"。在中国大众还不知道儿童安全座椅之时，该公司便已建立起了世界一流水平的儿童汽车安全座椅制造基地，并特别建立了全球领先的儿童汽车安全座椅撞击实验室，配备先进的高端检测设备仪器和高素质的专业检测队伍，以此确保其输出的每一款儿童安全座椅都是"设计合理、质量可靠、达到世界级水平"的。目前，好孩子的儿童安全座椅已经发展出6系、7系、8系。从实践结果来看，企业持续提升其产品技术水平，既是逐步实现企业进步与升级的过程，也是夯实技术壁垒、形成竞争优势的过程。

品牌壁垒是由消费者对某品牌产品的认识、态度和心理倾向等构成的壁垒。一般而言，品牌壁垒是在技术壁垒生成后形成的。从实践来看，消费者对企业的商品或服务形成满意的体验和高度信任后，往往会重复购买和推荐他人购买，甚至对这一品牌的其他系列商品也表现出极大的信任。这种基于消费者对品牌的认识而形成的约束，在无形中增加了企业变现的机会。

从本质上说，无论是技术壁垒还是品牌壁垒的打造，都是企业核心竞争力再升级的结果。当消费者或客户感受到壁垒的存在后，自然而然地会更倾向于选择壁垒更高的产品或服务，从而使企业获得更多的变现机会。

一种产品，若干市场

"一鱼多吃"的最直观呈现，就是一种产品，可在若干类型的市场上售卖。

1. 线上线下同步铺货

近年来随着互联网技术应用的持续发展，"全渠道"正成为行业转型的风向标。全渠道是指企业为了满足客户的购买需求，采取"线上+线下"全方位的售卖方式，如通过实体渠道、电子商务渠道和移动电子商务渠道实施整合式销售，为客户提供无差别的购买体验。目前，全渠道主要包括：实体渠道，如实体自营店、实体加盟店等；电子商务渠道，如自建官方 B2C 商城、进驻电子商务平台，像淘宝店、天猫店、京东店、苏宁店、亚马逊店等；移动商务渠道，如自建官方手机商城、自建 App 商城、微商城、微淘店等。

在全渠道模式下，一种产品甚至无须做外观或载体的改变，即可直接在线上、线下同步售卖。对于用户而言，线上、线下各有优点，线下市场更有助于增强用户的体验感，线上市场则更有利于节省用户的购买时间和交通成本。在线下市场与线上市场结合的模式下，有的用户会在线下市场体验，在线上市场下单；也有的用户在线上市场浏览，在线上市场下单，方便快捷。部分企业为了便于售卖，还会特别设置"特供商品"，以利于更便捷地处理交易和缩短交易时间。

此外，企业也可以考虑拓宽多种渠道市场，设定专业代理关系，避免产品增量过程中出现经营混乱的现象。

需要注意的是，企业开通多渠道模式的根本目的，应当是通过更多渠道与客户建立关联，增加市场覆盖面，产品和服务都不应该和单渠道时相比有所下降。否则，如果多渠道后不能为客户提供优质的产品和良好的体验了，那么其结果反而会给企业带来危机。因此，企业必须认真对待每一种渠道的运作，让优质的产品和良好的服务通过更多的渠道来抵达客户手中，为扩大市场类型和客户规模打下坚实的基础。

2.跨客户群体的产品市场延展性

一般而言，一种产品在研发设计时为了确保其针对性，都有特定的客户群体。越是针对性强的产品，其功能性设置往往越有限定性。所以，在产品开发之初，企业要根据消费群体（不同地区）的年龄层次、消费偏好等，来划分消费梯度。同时，也要考虑单项功能在消费群体对象的范围方面是否具有足够的延展性。

比如，一款牙膏是针对婴儿、幼儿、儿童、牙病患者的，还是针对一般成年人的？一款洗发水是专为男性还是女性研发的，是针对普通发质还是受损发质的？一款润肤品是专为某一类肤质研发，还是所有肤质的人群研发的？一款手机是面向商务人士，还是面向喜欢手游的用户群体的？等等。

在企业锁定一个群体后，如果想要获得增量市场，就需要考虑从这款产品的功能上再做细致的区分和延展，使产品吸引到另一个客户群体的市场。同时，也要避免"通用型"给人们带来的"不专业""不专供"之感，而是要让客户群体感到眼前一亮。

跨客户群体的产品市场延展性，从本质上说是一种市场的细化。而市场细分至何种规模及数量，则在很大程度上取决于企业的规模体量。一般而言，大型集团企业更有能力去运作多个市场，而小企业则可能"心有余而力不足"，因为它需要将自身的资源更聚焦在一两个细分市场，集中力量抢占市场份额。而即便是大型企业，如果想要在多个市场取得竞争性优势，也需要付出极大的资源和精力，分别设计营销方案和实施过程控制。所以，要想实现产品市场的延展性的目标，需要企业进行谨慎的规划。

IP衍生模式的增量变现启示

随着互联网的发展，人们以具有一定粉丝基础的IP商标、品牌、形象等知识产权授权后，开发、创造和生产出各种实体与非实体的产品形态（IP衍生产品）。

这些IP衍生产品最初是从动漫IP衍生出的玩具、食品、生活用品等，以及音乐、图像、书籍等实体或数字文化传播类产品。再后来，人们围绕动漫IP发展出了产业模式。这种IP衍生模式不仅使得动漫IP与制造业等传统行业实现了更加紧密的结合，更是为企业带来了更多用户和更丰厚的利润增量。对于企业来说，产品的延展覆盖率越高，其品牌知名度就越高，实现品牌爆红的概率也越高，进而其增量变现的机会和幅度也就越大。

多年来，爱奇艺以优质IP内容为核心，集结多种营销手段，构建全面的娱乐世界。2016年，爱奇艺开始倡导并推动"内容即广告、广告即内容"，如今已成为现实。目前的娱乐产业环境面临诸多变化：一是泛IP化趋势加强；二是二次元、嘻哈等小众文化成为主流；三是基于大IP内

▶商业模式变现 ——一切为了变现，不能变现的商业模式是无效模式

容的短视频呈现爆发态势；四是爆款头部内容较少，广告主与用户对内容的主动选择和参与意识增强，精准内容迎来爆发期。

对此，爱奇艺在持续打造行业爆款的同时，也在开放平台以融合多元文化。在营销层面爱奇艺尝试 IP 多种商业合作方式的开发，这些内容、互动、营销领域的变化推动了爱奇艺悦享营销模式的升级。因此，以优质 IP 内容为核心，集结多种营销手段共同影响消费者，成为营销成功的关键。广告主不再追逐大流量，而是从用户的需求出发，聚焦 IP 内容展开全方位的深度合作。

因此，爱奇艺全面升级的"悦享营销"模型采用几大营销方式助推广告主和爱奇艺平台营销价值的提升。首先是"IP 软植入"。将商业植入前置到优质内容制作期，让商业合作更自然有趣，提升用户好感度，同时完美搭配提升商业价值的"IN 广"广告产品，通过场景广告、原生广告等多种形式，帮助品牌实现软硬兼施、品效平衡的投放目标。其次是"IP 跨界"与"IP 衍生品"两大营销方式。从 IP 形态和精神共鸣及影响力出发，将用户对内容的精神投射转变为商业产值，助力品牌绑定 IP 粉丝人群，发挥 IP 内容的最大聚合效应。最后是寄托于"娱乐 +IP"平台优势的 O2O 兴趣流营销方式，通过让用户实现线上线下双向流动，来获得多维度营销变现。

在营销界不断追逐大数据、黑科技的迷思中，爱奇艺还将带领广告主持续挖掘内容的价值，不仅在大数据营销、广告技术产品方面持续发力，更在情感层面不断与品牌探寻，创造更懂用户、更懂内容、更懂创

意和有温度的新"悦享营销"。①

近几年，影视、动漫、游戏、文学等各个文娱领域开始全面发力，纷纷基于互联网与移动互联网的多领域共生，以 IP 为核心，开发跨领域、跨平台衍生的粉丝经济。在这条产业链上，最上端由平台产生优质 IP，再通过 IP 内容行业（电影、电视剧、综艺、演出等）有效拓展 IP 的粉丝影响力和数量，而下游 IP 衍生行业则成为 IP 变现的重要渠道之一，也是实现 IP 经济价值最大化的主要途径。

1. 有计划地开展长期培育 IP

IP 衍生的基础是有成功的 IP 形象，而这些 IP 形象是需要长期培育的。比如，曾经人们非常熟悉的蓝精灵、丁丁历险记等卡通形象，因其已经数十年未进行过内容更新，所以其 IP 的吸粉效应已非常薄弱。而要想让这些卡通 IP 重新拥有吸粉能力，企业就要不断地推陈出新，保持卡通 IP 的吸引力。

随着内容创业新时代的到来，越来越多内容 IP 逐渐积累起更多的流量。

早年微信、快手、抖音等平台创业者们主要利用导流、互推等方式初步建构粉丝体系。后来，号主们凭借定位精准细分、表现形式创新，内容扎实精彩逐步成为特征明显的内容 IP。之后，过万流量乃至千百万

---

① 爱奇艺悦享营销助力新娱乐营销价值裂变. 重庆晚报，2017 年 06 月 12 日。

流量的号主们通过原创作品投放、直播带货、广告播放等模式，让自己的流量由此变现。

比如，部分大型公众号对公众号上的分栏广告分别定价，头条广告位的广告投放费甚至多达数十万元。再比如，快手、抖音等平台的号主们可以通过短视频带来的流量获取平台支持，同时吸引流量进入自己的购物入口。如此，便完成了单次商业变现过程。当然，如果希望内容IP能够实现长期的商业变现动作，则需要其在较长时间里输出高质量的原创内容，保证输出频率，从而长期获得流量的关注，减少"脱粉"现象。这也是内容IP增量变现的关键所在。

在商业实战中，优质的品牌IP或者说超级IP，具有不输于真实世界中大明星的吸粉效应。而对于企业来说，有粉丝，有客户，企业才有创造持续变现的机会。所以，企业要抓住产品内容或从产品形象入手，长期打造可发展的IP形象，让IP与企业品牌之间建立强关联，并做到持续优化IP内容，深化和拓展IP在客户群体中的认知度。

2. 判断和维护IP的高价值

在实践中，要想准确判断某个品牌IP是否可以发展成为一个超级IP，通常可以从IP内容的触动效果、跨媒介能力与商业变现能力等角度来综合思考，进而做出系统判断。

IP内容对人们的触动效果是多方面的。比如，IP所传递和表达的价值观是否能够直击人们日常生活中的痛点，引发人们当下的情绪共鸣或较长时间的关注；是否能够让人们在谈论到它的时候立刻想到与之关联的广告语、存在场景、人格化的表情动作或者关联的资讯；等等。从本质上说，一个高价值的IP必然具备这些典型特征。

而且，高价值IP必须是可以跨媒介的，这是其商业变现的基础。事实上，任何一个能够变现的IP往往都具有较高的兼容指数。人们可以将之改编成其他媒介形式，或可以创造出更多种类的延伸产品。比如，一部仙侠小说因最初吸引了很多读者，因此后来人们就将它改编成了电视剧、电影、游戏等。此时，这部仙侠小说就可以作为一个超级IP去运作，因为它能够影响到一些对应的消费群体，具备一定的商业变现能力。一般来说，商业变现能力有时也要以跨媒介能力为基础。具有跨媒介能力的IP，其商业变现能力相对较强。

此外，商业变现能力还涉及IP自带流量、粉丝数量等方面。比如，一个IP在一段时间内的全网覆盖情况，在各平台上的关注度、订阅量、推荐量、打赏额等诸多数据；IP的粉丝规模、粉丝的付费情况、粉丝对IP的影响力、社群规模等，这些都是用以评估IP商业变现能力的重要参考指标。

故而，在评估一个IP的未来价值时，需要先综合考虑上述三个方面的情况，给出一个较准确的判断。然后再集合资源更精准地预测：如果对该IP进行投资，那么可能在多长时间内创造出多大程度的商业回报？

3. 推动IP衍生品的变现

目前，依托互联网的IP衍生品有两大变现途径：一是通过直营电商直接变现。IP博主通过其IP形象在微博、微信等社交平台的拥有百万级别粉丝的IP大号下进行营销宣传的权利，并可将消费者越过各级供应商直接导向其自有电商；二是各IP博主在线下通过经销商开设实体门店，在线上利用社交平台进行营销宣传或话题制作，将流量引导至线下门店，提高线下门店的销售额。

由于IP衍生品有着相对清晰的商业模式和旺盛的市场需求，国内不少生产企业进入了衍生品生产领域，希望通过衍生品实现IP增值。目前，更有不少企业着力创造或收购优质IP资源，逐步开始掌握IP衍生产业链的核心部分。可以说，IP衍生模式使企业有了更大的自我造血功能，进一步推进了IP再创作，从而促使IP进入下一个升值阶段，更好地实现增值变现。

基础能力越强，变现手段越多

基础能力是企业或运营主体存在的依赖。对于企业来说，基础能力包括产品研发能力、营销能力、创新能力、价格力等。对于个人来说，专业技能、社交能力、感染力等都属于基础能力。有强大的基础能力，才有更大领域的拓展，变现手段自然也多。

奥飞娱乐是一家极具实力的动漫文化产业集团公司。其对自身的定位是："以发展民族动漫文化产业，为世界创造快乐、智慧和梦想为使命"，被业内视为中国动漫文化产业的领导者。像超级飞侠、巴啦啦小魔仙、萌鸡小队、喜羊羊与灰太狼等，都是奥飞娱乐出品的IP角色。

相比很多传统玩具公司，奥飞娱乐的最大优势是拥有自己的IP，能够引领消费，大幅提高玩具的附加值。与单纯的动漫影视企业相比，奥飞娱乐的玩具业务构成了IP的一个最大的产业化出口，能够最大化地变现手中IP的价值。

2023年6月30日，奥飞娱乐于上海成功举办2023年IP商业化生态大会。在此次大会上，有来自文旅、医疗、文具、图书、游戏、餐饮等多个行业的嘉宾分享他们在不同领域关于"IP+"的成功案例经验和创新探索，让观众看到了奥飞娱乐IP生态赋能行业的新力量。未来的奥飞娱乐将在IP授权板块的赋能升级战略中实现IP与不同合作伙伴的互联共生。

奥飞娱乐以IP为基础能力，围绕基础能力推动衍生品规划，放大IP应用场景，推进多领域的合作发展，从而提高变现增量。可见，一个企业的基础能力越强，其变现途径和变现手段就越多。

对于个体来说，基础能力的定位与锤炼也至关重要。

随着抖音的爆火，抖音账号的收益增长也越来越明显。但是抖音个体账号如果想获得更高的收益，那么个体也需要提高自己的基础能力。每一个火爆全网的账号都有其突出的基础能力。"兽医白娘"原本以养牛为主业，以兽医为副业，女孩的粉色系着装与兽医诊疗行业的关键词发生碰撞，吸引了众多养殖户与非养殖户的关注。而这一切都建立在兽医诊疗这一基础能力之上。线上线下的高关注度自然也使其影响力更大，线上带货、线下诊疗使其变现能力更强。

其实，无论企业还是个体，都需要明确自己的基础能力，以基础能力作为一切变现行为的出发点。强悍的基础能力，是获得市场关注与用户群信任的关键，更是推进变现和多样化变现的前提条件。

立足人性需求，而后不销而销

"不销而销"是企业对增量目标的最美好期望，也是基于企业日积月累、长期积淀下来的良好口碑而产生的持续营收效应。每一个实现"不销而销"效果的企业，无不具有一个共同的运营特征：以扛打的产品质量为根本，同时立足人性之本，紧紧抓住消费者当下的情感需求。

1. 关注客户爱好与需求，积极打造口碑效应

在过去，大多数企业的口碑都是在口耳相传的过程中建立起来的。

而如今，互联网的出现打破了这种传统意义上的口碑建立方式，那些趋向于在互联网上寻找与自己有共同兴趣和爱好的消费群体，建立起了彼此之间的密切联系。同时，群体兴趣的相似性也会形成同伴压力、从众心理和流行风潮，从而使口碑产生飓风般的群体效应。而在很多互联网平台（抖音、快手、知乎、头条、微信、B站等）上也会汇集各类相似的信息，并根据平台使用者的浏览偏好进行推送。当企业的相关信息在这种集聚型网络群体中流传时，就会很快引起网络群体的广泛关注，使企业迅速建立起好的口碑，并迅速创造增量。

当然，这也意味着，如果企业出现负面效应，企业口碑翻车的速度也非常快。因此，在互联网时代，企业要持续保证自己的产品质量符合要求，而且在选择代言人、带货时却要慎之又慎，避免他们因突发负面消息而导致企业口碑一落千丈。

2. 适当让渡利益，打造社会影响力

如果企业为了追求短期利益而罔顾消费者利益和社会责任，那么它往往很难得到消费者和社会的认可。企业只有不单纯追求利润，在必要时舍得贡献出一定的利润（对顾客做出让利，承担企业在就业、环保、社会公益等方面的责任等），这样才能在公众心中建立起良好的社会形象，才会因社会公众的广泛认可和影响力升级而达到"不销而销"的目的。

2021年7月，河南暴雨成灾，社会各界伸出援手，各大企业捐款捐物。国货品牌鸿星尔克在这一时期捐赠了5 000万元的物资驰援河南，而

5000万元相当于鸿星尔克市值的六分之一。鸿星尔克的豪爽之举引发了无数人的点赞和评论。当时冲到最高的评论是这样的:"都快要倒闭了,还捐那么多……""大家多买点,多支持国货吧!"

鸿星尔克的捐赠行为彻底激发了消费者的同情心,并把支持行动转化为购买力。于是,很多网友集体涌入鸿星尔克的直播间,开始自发性地"野性消费"。鸿星尔克天猫店直播间的观看人数暴涨——过去直播间的观看人数有时甚至不到千人,但这一期间最高点时观看人数竟高达800多万。相应地,这一时期鸿星尔克的销售额也出现了暴涨,仅7月23日当天,鸿星尔克的销售额就增长了几十倍,3个直播间累计销售额超过1.3亿元。鸿星尔克的老板不得不连夜跑到直播间,呼吁网友"理性消费",但是仍然拦不住消费者疯狂下单的手。无论是线上还是实体店,鸿星尔克店内的货物被一扫而光。这一波来自消费者自发的"野性消费"操作,使长期处于不温不火状态的鸿星尔克突然成了"顶流"品牌,备受瞩目。2021年,鸿星尔克总营收为165.12亿元,同比增长7.4%。

很明显,那些关注社会利益、敢于承担社会责任的企业,自然会得到社会公众的认可,也自然会得到市场消费者的关注。如果企业一味地追求利润,只会使企业疲于奔命;而如果企业能够立足人性需求,充分尊重消费者,积极承担社会责任,那么即便企业不去刻意追求销售策略之新或营销力度之大,市场销量也会自然而然地汇至企业的方向。这才是真正意义上的"不销而销"的增量模式。

第五章 互联网流量见顶后的变现模式设计

互联网经济已经进入竞争的下半场，腾讯、阿里等巨头早早瓜分了流量市场，快手、抖音等社交App的流量拉动也日渐乏力，"流量见顶"之说成为众多电商平台和企业难以挣脱的桎梏。在竞争激烈的大环境下，如何结合当下的流量现状来促动企业变现，是需要企业重新设计与规划的重要命题。

流量成为刚性高成本之后如何变现

互联网流量免费的时代已然过去，如果企业希望自己的产品或服务获得流量进而实现"躺着赚钱"，这往往需要企业付费来获得，即所谓的"烧钱买流量"。而有限的渠道在"狼多肉少"的情况下，必然会导致引流成本的居高不下。因此，对于企业来说，付费购买流量无疑是一笔刚性支出且花费不菲。

然而,即便砸钱获得了流量,是否能够成功变现,也是一个问题。因近几年全球经济下行、居民消费水平普遍下调,加之对良莠不齐的直播带货的抵触,使得流量变现的难度明显比前几年变大。比如,人们可能频繁地观看抖音上某位作者的作品,但却未必愿意为其带货的产品买单,甚至会因为作者开始直播带货而对其取关拉黑。那么,如何在当下这个时代里成功推动流量变现呢?

1. 以匹配的资源与能力推动流量变现

一般来说,人们可以把握各平台的政策倾向,抓取低成本流量机会。比如,在电商平台重点培养某领域或某个方向的产品时,去大力抓取流量的关注度。如果判断某个行业尚未被垄断,正处于上升期,也可以果断投入、买流量。

但是,如果企业及其经营者缺少了入局某个行业的资源与实力,那么流量不会变为存量,也很难变现。只有企业拥有匹配的资源和能力,才会更容易在竞争中切实地触达到更多的目标用户,获得用户的青睐;在此基础上,才会在流量的加持下促动企业通过对应的产品或服务在新渠道或平台变现。

一些投资者在进行风险投资时,往往会非常看重经营者的资历——因为后者的行业经历会使其做出的决策具有更高的成功率,更容易获得用户的信任和下单,打造出更好的变现效果。所以,变现之前,先要确认合适的形式去呈现和运用自身的资源和能力,切忌盲目冲动地为流量付费。

2. 结合大数据分析，找到合适的获客点位，设置合适的放量

最容易推动用户转化与成功变现的模式是获取新的增量用户。这部分新用户往往对产品或行业存在一定的信息差，所以如果能够找到这部分新用户"诞生"的位置，在这个位置进行触达、截流，那将是最高效的变现途径。而探查这个合适的位置，则需要借助科学系统的大数据分析。当设计并确认好新用户的进入通道之后，再安排优质的流量和合适的放量，这样就在无形中降低了流量的获取成本，同时也能确保实现有效的用户转化和变现。

3. 重视流量投放的成本收益率，提高变现速度

由于互联网流量已然成为刚性成本，所以，让付费流量成本能够快速而高效地变现，是非常重要的。不同行业的流量投放策略、获客成本都具有差异性。为了确保投放效果，企业可以考虑通过个性化定制和信息流推广来进行定向投放，以减少计划探索成本，或以低成本快速试错，实现变现效果的最大化。

同时，也要更快速地布局私域流量，利用社群来宣传品牌，举办各类实现流量增长和转化的裂变活动，拉动用户转化，提高复购率，以单位时间内的快速变现来降低流量成本。

4. 评估资源转化成本，找到更合适的成本消化路径

在计算和控制成本时，不要只限于资金形式的成本，也要考虑到资源的转化成本、时间精力成本以及其他需要计入的成本，找到不同成本的消化路径。为此，企业可以适当地考虑把资金成本转化成资源兑换成本、时间成本、服务成本，甚至是"厚脸皮"的成本，以此降低为流量而付出的资金成本。

5. 打造用户的长期运营价值

事实上，企业除了通过流量来吸引新用户，也可以选择向已有用户聚焦，将其打造出老用户的长期运营价值，这也是降低流量成本的一种好方法。比如，京东、淘宝、拼多多之所以能够留住那么多的用户，其最大的原因就是他们的平台上列示了很多种类的商品，覆盖了用户生活的诸多方面需求。而对于非平台类的企业品牌，则可以考虑从服务和内容这些方面为用户提供长期的价值。以服务为例，企业可以为用户提供长期的关联服务。

某婴儿纸尿裤品牌在市场调研时发现，很多妈妈们会在节庆大促时囤积很多纸尿裤，而这些纸尿裤放在家中会占据很大的空间，又要担心它们是否会过期；而且对于长得快的宝宝来说，还可能存在纸尿裤没穿完就小了而造成浪费的问题。针对这些情况，该公司推出了一个线上应用，使得妈妈们可以在这个App上将购买的存货放在个人账号中，当需要取用时再按照宝宝当时的尺码来发货。如此一来，就打消了妈妈们囤货的心理顾虑，同时也增加了妈妈们的品牌黏性和忠诚度。

需要注意的是，企业在为用户提供长期服务价值时，也要特别留意这项服务跟品牌/产品本身关联度的强弱，以及对于用户来说这项服务的必要程度。从实践角度来说,企业可以基于用户的不同标签,推送给他们感兴趣的内容,也可以向他们推送会促使他们流转到下一环节的信息。

比如,一些用户在购物软件中收藏了企业的几款商品,此时,他们就属于人群资产漏斗模型中的"I人群(是指被品牌广告触达后进一步发生关系的人群)",他们可能在等活动降价。这时候,如果平台可以为他们精准地推送一张优惠券,或许就会让他们迅速变成"P人群(是指购买过品牌产品的人群)"。像拼多多,就是采用了这种模式来开展内容推送的。

总体而言,当企业有能力进行流量置换时,那就应该考虑流量置换,找到合适的伙伴,互相引流。如果企业更倾向于为流量付费,那么它就应考虑引流的成本,通过一些方法来提高引流的精准性和引流的效果。此外,企业还应该考虑成本转化效果,以及打造用户的长期运营价值,力求让流量购买操作能够达到"物有所值、物超所值"。

"直播+"需要重新设计利润模式

基于"互联网+"模式的发展,网络直播衍生出"直播+"模式——这是一种多类型信息传播与交互方式共生共存的新媒介形态。"直播+"

模式以平台发力、场景拓展与全员参与为典型特征，并在媒体深度融合、平台创新拓展等方面表现出新的态势。在媒介化、泛在化、产业化及资本化的趋势下，"直播+"更加注重媒介逻辑与社会逻辑的互动，与工作、学习、商务、娱乐等场景紧密结合，与电商、助农、教育、旅游、社交、医疗、公益、体育、综艺、游戏、电竞、美食等商业模式共同存在。

那么，"直播+"模式又是怎样创造利润的呢？在实践中，常见以下几种模式。

1. 广告模式

付费方：广告主。直播平台或主播收费。

直播平台负责在App、直播室或直播礼物中植入广告，按展示/点击或购买情况与广告主结算费用。

2. 导购模式

付费方：企业、店铺。主播与平台分成。

电商类直播产品/竞拍类产品常常会采用导购盈利模式。一些主播有自己的店铺（淘宝店、微店等），或者有店铺需要主播进行营销推广。主播在直播时会推荐店铺商品，并有优惠或参与竞相活动，用户将商品加入购物车或直接一键购买，直播收益最后由主播与直播平台按照既定比例分成。

3. 会员增值服务

付费方：平台会员。

收费方：平台。

会员可以分为主播和观众两类，可分别在付费成为会员后收获专属特权，如对于会员主播，平台可以提供的一些特权有：①直播室开放更多功能权限，如添加场控、提高聊天室人员上限、收入翻倍、开通私密直播室等；②身份特权，如尊贵勋章、升级提速、首页推荐等。

对于会员观众，平台可以提供的一些特权有：①功能特权，如个性点赞、特权礼物、视频连线、隐身入场等；②身份特权，如头像美化、会员标识、入场特效等；③内容特权，如观看指定（付费）内容；④更多其他定制特权，可根据直播间的特点进行定制。

4. 付费直播与推广

付费方：主播。

收费方：平台。

主播可以向平台付费，开通高级直播功能。付费模式可以分为按场次收费、按分钟计费等，方便主播选择适合自己的直播方式，合理增加自己的直播营收额度。主播如果希望获得更好的直播效果，还可以向平台购买推广位，按曝光量和观看量结算费用；或可以开通数据分析功能，获取直播数据统计、直播观众行为分析和粉丝维护等服务。

像一些ToB直播平台会采用这样的商业模式：企业向直播平台付费申请直播，或由直播平台提供技术支持。直播平台会为企业提供会议宣传等服务，并为企业提供观看数据。

除了主播方付费直播模式,还有一种观众付费的直播模式,具体是由主播设置入场费用,观众付费看直播,直播收益最终由平台和主播按比例进行分成。

5. 付费教育、问答

在线教育类产品的商业模式,是利用直播平台进行课程销售,学生付费后学习,收益则由直播平台与学校和老师进行分成。同时,直播平台也可以销售与课程相关的商品,比如教授音乐的可以销售乐器,教授书法的可以销售书法教材和各类文具,以此来增加平台的收入。

此外,还有一些付费问答商业模式。比如,一些经验丰富的行业专家(如律师、心理咨询师等)提供的在线咨询服务。他们通过开通直播,来有偿回答提问者的问题。收益最后由平台和回答者进行分成。

6. 游戏联运

游戏联运(游戏联合运营)常见于游戏直播平台。游戏厂商希望在平台直播时嵌入游戏入口,观众在观看直播时如果通过入口点击、下载了游戏,则平台和厂商进行分成。

同时,游戏直播平台还可以通过销售游戏周边商品及游戏道具商品来增加收入,而后由主播、平台及厂商进行分成。

另外,还有一种小游戏直播模式,即将斗牛、炸金花等小游戏嵌入直播,用户通过购买金币与主播们玩游戏,来增加游戏平台的收入。

7. 版权发行

版权发行属于内容的二次利用。直播平台可以将直播内容沉淀保护起来，以版权售卖的方式提供给发行方，由发行方对内容进行二次加工。

直播本质上是一种流量变现渠道，和新闻、电商、视频、工具等产品一样，其对用户的价值就是，让用户发现自己的兴趣点，支持喜欢的主播，消费他们的内容。对于直播平台而言，其商业目标就是探寻用户访问路径，挖掘流量价值。此外，直播的资本化运作也加速了其生态体系的构建。因此，主播和直播平台都需要考量各方面因素，然后在尽可能自主、可控的前提条件下，设计最适合自己的利润获取方式，驱动直播经济发展成为一种新型的经济形态。

随着互联网的发展，目前很多选择"直播+"模式的企业都取得了很不错的成绩。

虎牙直播是一家以游戏直播为主营业务的弹幕式直播互动平台，是当前影响力比较大的直播平台之一，号称"中国游戏第一股"。虎牙直播成立之初定位于游戏直播，产品覆盖PC、Web、移动三端，其直播技术和丰富的公会资源都处于行业领先地位，能够为用户提供优质的观看体验和多元化的内容（囊括游戏类、泛娱乐类、秀场类等）。

虎牙直播将目标客户锁定为游戏用户，采用的是线上和线下并存的盈利模式，矢志于打造一个"游戏+泛娱乐"平台，通过提供优质的内容来吸引用户观看直播。线上，虎牙直播的盈利模式主要包括直播打赏、

•商业模式变现——一切为了变现，不能变现的商业模式是无效模式

游戏联运、广告推广和赛事竞猜。

（1）直播打赏。观众通过平台用人民币购买虚拟货币，以此兑换成礼物送给主播，礼物变现后获得的收入由主播个人和虎牙平台按一定比例进行分摊。这种方式是虎牙直播最主要的盈利模式。

（2）游戏联运。虎牙直播作为代理人替游戏公司进行游戏推广和日常运营，根据下载量，游戏公司将游戏所得利润按照一定比例分配给虎牙直播。

（3）广告推广。虎牙在直播间页面设有广告位，品牌方可以与虎牙直播合作进行产品或服务推广，虎牙直播从中获得推广费用。

（4）赛事竞猜。虎牙直播对体育赛事转播时，会通过赛事竞猜的方式刺激用户充值虚拟货币，这也是虎牙直播盈利的一部分。

线下，虎牙直播主要是依靠热门游戏、赛事以及虎牙直播平台打造的人气较高的主播等来举办相关的线下活动，从而实现盈利。比如，虎牙会利用大量网络游戏粉丝和高人气主播的影响力，来组织电竞比赛、品牌合作、演出活动、推广周边等。粉丝为了获得与喜爱的主播近距离接触的机会，选择高价购票，积极参与线下活动，虎牙则以此模式来赚取不菲的利润。

此外，虎牙直播凭借自身多年深耕游戏领域的优势，不仅游戏种类繁多，而且还与各大内容制作平台合作，包揽了多项赛事的转播版权，由此建立了自己的版权壁垒。目前，游戏直播平台90%以上热度的产品几乎都归在腾讯旗下，而腾讯在虎牙的持股比例高达31.5%，这让虎牙直

播在游戏版权上也占有着极大的优势。①

在这个全民网络直播的时代，直播不再是稀奇事。因此，如何以更新颖独到的方式吸引用户并提升用户黏性，发挥出自身的独特优势，打造"直播+"的与众不同的利润模式，是值得诸多直播平台和主播思考的问题。

互联网营销亏老本的原因分析

借助互联网的高速、广泛、互动的特性，人们将传统的营销手段升华到了新的高度。随着互联网用户数量的不断增长和互联网技术的不断升级，互联网营销也正在不断地被各行业广泛应用。但是，人们也发现：互联网营销看似没有可见物料成本，但仍然存在亏本的风险。在实践中，导致互联网营销不甚理想的原因有很多，从具体操作层面来说大致有以下三点。

1. 竞争激烈，营销方法单一

很多企业在互联网上做推广时依然延续着传统的"牛皮癣广告"模式——人们可以在微信群、短视频平台、论坛、贴吧、分类信息网站上

---

① 于斌.逆势上扬，虎牙发布Q1财报营收增长有原因.澎湃新闻，2022年5月25日。

看到各种广告。此外，企业进行互联网营销时还会采用竞价排名模式和搜索引擎优化模式，以获得更为靠前的排名。不过，诸多企业都选择同类网络营销方法的结果就是：红海竞争惨烈，所有企业都在抢平台排名的第一位，导致同类企业的竞价成本越来越高。而全国的诸多企业又可能都在针对同一个关键词进行优化搜索，所以互联网营销竞争之惨烈程度就可想而知了。

而且，很多人看到广告之后的直接反应就是：屏蔽。甚至有人会付费购买会员，只为了一个目的：不看广告。这也是导致企业采用全渠道覆盖营销模式失利、营销转化率不高的一个直接原因。

2. 盲目跟风，缺少针对性

在这个世界上，没有什么药能包治百病。同样，也没有什么营销方法是适用于所有企业的。纵然某种方法具有极强的适应性，也需要考虑与不同企业的现实结合度。这就导致在实践中，很多企业在选择营销模式时盲目跟风——别人用什么方法成功了，那我们也要选择这种方法去营销。

比如前些年，企业界流行做 App 引流，一时间不管什么类型的企业，都开始开发自己的 App，以为有了自己的 App 就会有源源不断的客户，实现理想的收益。实际上，很多企业最终白白投入了金钱和精力，App 甚至未能投放使用即告终结。近年来，又有些企业在快手平台开直播卖货，销售额高达几个亿；其他企业见状，也跟着在快手或抖音开号卖货，或请一位主播去带货，但却未能创造高销售额，有的获得的收益甚至还不够给主播的坑位费。

可以说，如果企业缺少对自我情况和真实需求的把握，只求跟风而为，那么自然很难吸引受众群体如消费者的注意力，也很难实现预期的营销目标。实际获利者的数量无法与跟风者数量匹敌，这也是必然的结果了。

3. 市场定位不明确，营销预算不合理

一些企业对互联网营销的理解相对片面，如有的人将其理解为SEO、建个网站或App、在朋友圈或微信群里发广告帖，等等。实际上，互联网营销要针对产品或服务的受众群体设计最具有吸引力的营销方案，从营销内容设计到前后台客户服务都要有细致缜密的安排。其中特别要注意的是市场定位，这是互联网营销成功的关键因素之一。如果没有适当的市场定位，互联网营销失败的概率就会增大。而明确的市场定位，则有助于企业根据目标受众的需求去进行营销安排，进而提高销售额和客户满意度。

此外，如果企业认为互联网营销就是免费营销、低成本营销，预算不足而又过于急功近利，那么这也会导致营销活动的失败。比如，有的企业在聘请互联网营销人员时下达这样的任务指标：在一个月内，让该品牌产品实现几百万元销售额，而营销预算只有几万元。要知道，互联网营销活动的推广效果与各平台渠道的推广时间、推广频率等都息息相

关，而后者又与所投入的营销成本预算相关。因此，要想避免互联网营销活动变成白白烧钱的形式工程，就要保证营销活动成本预算与营销活动所要达到的任务指标相匹配。

话语权和内容力重构企业资源争夺能力

随着互联网的快速发展，企业之间的竞争逐渐变为品牌实力之间的抗衡，即品牌话语权。话语权是企业在行业中的地位及其影响力的象征，话语权越强的企业在行业中的地位越高，甚至可以代表整个行业向社会或者市场发声，而对于企业来说，其争夺资源的能力也越强大。

一般而言，企业的话语权取决于其在产业链上的位置和在同行业竞争群体中的地位。通常，位于产业链下游的企业比位于产业链上游的企业更具有话语权——因为下游企业要承接上游企业的产品或服务，被服务方的话语权要更强。再者，行业龙头企业要比小型企业更具有话语权——根据马太效应，规模实力更大的企业可能更容易获得更多的资源。这也造成了一种现象：一些企业因自身实力强大，而使得下游企业不得不以低姿态和利益让渡去达成合作关系，由此为企业自身争取到更多的有效资源。这就是企业话语权的作用和影响，它可以增强企业争夺资源的能力。

当然，企业争夺资源的能力不仅仅依赖其话语权，内容力也是极为关键的决定因素，主要表现在以下三个方面。

1. 以内容力构建链接

内容将有相同爱好的人或者有相同需求的人与企业建立链接。很多直播网站之所以能够带货成功，就是因为其通过内容与粉丝建立链接，通过持续的内容链接将粉丝沉淀为社群，由此成为私域流量和品牌的雇佣军，这也是企业全力争夺的社会渠道资源。企业对内对外的网络传播过程就是一种内容链接的过程。像华为从组织内部流出来的讲话稿，龙湖地产最擅长的讲故事，这些都是企业在通过内容力拉动自身与社会消费群体的链接。

2. 以内容力扩大融资

企业对外年报是例行公开的，不过很多企业在公开年报时都仅仅是形式化地发发新闻稿。而个别企业却会抓住这个机会专门与投资人和内部股东进行沟通，展望未来的规划。如此一来，投资人和内部股东便会对企业的阶段性亏损或发展乏力保持相对大的容忍度，企业因此不仅会吸引更多的投资者，还会对内部股东形成更大的激励效应。如此，也为企业自身构建了独特的核心竞争力。

3. 以内容力引流销售

内容力的革新是企业扭转乾坤、积极引流的秘诀所在。李宁公司曾在转型过程中陷于亏损，后来李宁开创新国潮，大胆地融入强烈的东方元素、采用青春新潮的设计，并跨界知名国潮 IP 等一系列的革新使之迅速抓住了年轻消费群体，继而扭亏为盈，逆风翻盘。这就是内容力带来的巨大的销售作用。

唐兴通在《穿越周期：数字化转型与动态能力》一书中写道："每家企业都要成为内容型组织。"企业需要从内容力的角度，去呈现自身的理念、圈层、产品或服务特色，从而让企业内外部的人员都能看到企业的实力和未来的发展前景。可以说，内容力是重构企业资源争夺能力的新要求和新核心能力。

回到互联网经济"一企一品"的本质

一家企业能否以其独特的品牌定位在消费者和社会公众眼中形成深刻的品牌认知，这对企业的长远发展具有重要的意义。在竞争激烈的市场中，回归"一企一品"的本质，即一家企业必须创建一个品牌，这是企业发展壮大的必经之路。

1. 有品牌，才有未来

企业必须有自己独特的品牌，树立优秀的品牌形象。企业品牌的形象直接关系到企业的发展，而企业的发展又直接影响到企业品牌的形象。那么如何创造出一个让人印象深刻的企业品牌形象呢？一般来说，品牌形象一定要具有可识别性、可信度和可恒定性，让消费者一看到该品牌就能够迅速联想到该品牌的产品,并建立起对该品牌的信任感和归属感。所以,企业必须打造一个属于自己的品牌,这样才能更有助于其创造出更加广阔的市场空间和更大的商业价值,为未来的发展开辟出光明的坦途。

2. 品牌势能积累与品牌变现

品牌变现效果依赖于品牌势能,而品牌势能也并非凭空而来。企业要从品牌设计、包装、定价、广告、宣传等方面,实施全方位的品牌管理和持续的品牌价值输出。在时间和市场的作用下,品牌势能会逐步提升,品牌形象会一点一滴地刻入消费者的认知之中。当消费者产生消费需求时,其头脑中的品牌认知会让其自动把该品牌划入其首选范畴内。这就是品牌发展成为品牌资产的过程,也是品牌持续变现的过程。

比如,人们一说起空调,常常会提及两个品牌:格力和美的。同为一线国产品牌,格力和美的的品牌力可谓旗鼓相当,但人们对这两个品牌的印象却截然不同。对于格力空调,人们的印象是:空调质量好,可以用很久;有点贵,但是很值。对美的空调的印象是:空调设计好看、售后服务好、上新速度快、性价比高。这些口耳相传、始终如一的品牌印象,就是企业的品牌资产,它会更强力地促进企业新一轮的商业交易与变现。

3. "一企一品"策略并不是对多品牌策略的否定

从企业成本角度来讲,任何一个品牌的打造都需要经过不断的积淀和成本的投入；而多品牌意味着多投入，这对企业的经济支撑能力与经营实力来说是一个巨大的挑战。如果企业希望能够快速变现，那么在既定的、仅有的成本条件下，集中力量打造一个品牌，无疑是更容易成功的方法。

在互联网经济时代，人们对品牌的认知会更加全面、多维，品牌传播的速度会更快，品牌传播的效果也更容易翻倍。所以，企业要回归"一企一品"的本质，在流量的加持下扩大品牌推广的范围，突出品牌传播的效力，从而推动其变现目标的加速实现。

互动触变式营销推动网络营销升级

在互联网营销风起云涌的时代，单纯的产品营销很难引发客户的情绪，而真正能够激励客户与企业达成交易的重点在于：情感关联的建立。这种情感关联是客户通过产品内容形成的对品牌的依恋，直至达到至爱的程度；行动承诺则体现在客户重复购买品牌、向他人推荐品牌以及抵制品牌负面信息等诸多方面。

小红书是一个生活方式平台和消费决策入口。在小红书社区，用户可以通过图片、文字以及视频等分享，来记录自己身边的美好生活。一些女性会在小红书上发布某些产品使用体验，而小红书会通过大数据，对同一兴趣群体进行精准匹配与输送，并由此取得很好的"安利"效果。同时，很多时尚女性也以是否使用小红书 App 为标准，来选择、建立和扩大自己的社交关系圈，产生社群归属感。而且，这些使用者也会因为对小红书的喜爱而自然而然地把它推荐给其他人，由此来壮大小红书的用户规模。

一些企业为了达成与客户之间情绪上的牵引与共鸣，还非常重视增强客户与品牌内容之间"同喜同悲"的程度。比如，不少品牌在进行产品内容规划时，就为产品注入了强大的品牌基因，打造出了极具独特性的内容性产品。内容性产品一般都赋予目标客户一种特征鲜明的身份标签，让他们产生一种社群归属感。这样，在客户选择产品时，就会自然而然地产生情绪共鸣。而且，当这部分内容被植入产品之后，产品还变成了一种实体化的社交工具。客户想要使用该社交工具，便会与这个产品开启最直接的、第一道互动环节，这也是互动触变式营销的直接模式。

互动触变式营销是一种通过设置并包装客户与企业的接触点，使客户关注到营销主体和营销产品，继而促使客户进行传播、购买和重复购买的一种营销模式。在网络营销过程中，这个接触点可以是客户在视、听等方面与企业产生接触的点，比如广告的音乐效果、场景画面的触动性；也可以是某个能够触动客户心绪的内容细节设计。互动触变强调企业对客户的主动关注，以及客户对企业形成独特感触的有效反馈，二者之间形成有效互动，并在互动中达成预期的营销效果。

第六章 制造稀缺感获得强变现能力

为什么我们常常看到一些消费者对高价位产品趋之若鹜？这是因为，人们认为稀缺的商品更有价值，拥有稀缺商品之后，自己会感到更有面子。所以，很多消费类、科技类和奢侈品品牌会在营销时选用"饥饿"营销战术，提升品牌的价值感。而且，企业会把自己的品牌商品变成独一无二的、最稀缺的"艺术品"，尽可能放在最正确的地方，这样会使其呈现出更大的价值。这就是稀缺感为企业品牌带来的强变现能力。

变现的唯一本质就是把握稀缺资源

变现是对资源的变现，变现的唯一本质就是把握稀缺资源。因此，如果企业拥有一些稀缺资源，自然可以通过模式设定来与消费者建立起独特的关联，让变现变得更容易。

1. 探寻稀缺资源，提高变现能力

什么是"稀缺"？一是资源、生产要素或产出是有限的；二是它们难以满足社会的需求。我们常说的"稀缺资源"是指那些在地球上越来越少的、不可再生的或者再生速度赶不上人类需求的资源，例如石油、金、银、铜、宝石、玉石等资源。而这些资源并不是处处皆是，只出现在某些特定的地区，这使得其稀缺性更为凸显。所以，希望获得这些资源使用权的地区需要付费购买这些资源，而对这些资源具有开采权的地区就优先具备了以此变现的能力。这也是很多国家和地区不断地探寻各种稀缺资源，甚至一些国家不惜发动战争以获取稀缺资源的重要原因之一。

2. 创造稀缺感，增强消费意愿

在一般的商业环境中，经济物品的稀缺并不意味着其本身的数量稀少，而是市场上存在的需求与供给之间的不平衡。正是这种不平衡促使商业机会产生，为有创意和洞察力的人提供了赚钱的空间。

商业机会源于市场上资源的不均匀分布和人们对这些资源的需求。当某个资源或服务稀缺时，人们就愿意为之付出更多金钱，从而创造出商业机会。例如，科技创新带来了新领域的商机，因为新技术和产品在初始阶段往往是稀缺的。

所以，为了创造赚钱的机会，人们除了会不遗余力地把握稀缺资源，也会在商业环境中制造一种稀缺感，以此促成商品交易的达成。一般而言，商业中的稀缺感主要来自两个方面：一是品类选择的不足，消费者除此之外别无选择；二是供应量的不足，使得消费者购买意愿更为强烈。

（1）品类选择不足造成的稀缺感。品类选择不足造成的稀缺感与消费者的心智空间有关。

心理学家乔治·米勒的品牌实践表明：消费者的记忆越来越稀缺，品类第一是打造品牌的第一性原理。米勒认为，人的心理记忆如同抽屉中的归类方格，记忆"信号"每次只能递送至每类抽屉的7个方格，因此人只能同时记忆7个分类信息。而更残酷的是，据相关资料表明：在移动互联网时代，消费者的心理记忆只能同时记住3个分类信息，甚至只有两个或一个。可见，在当下，只有寡头品牌才更容易被消费者记住。

因为消费者的记忆所限，所以导致其心智空间稀缺。在实践中，忽视心智定位而导致品牌推广失败的案例不胜枚举。例如，在维生素功能型饮料品类中，启力就曾因为与红牛的产品定位、价格定位相差不大，最后铩羽而归；而东鹏特饮以瓶装产品、低价格的差异化定位迅速打开市场，成为维生素功能型饮料的黑马。由心智空间原理可知，消费者的注意力和心智空间是稀缺的。企业要创造稀缺感，就要关注消费者的心智空间，先判断品牌定位是否占据了品类第一或者价值唯一，然后审查品牌内容是否具有先发优势。如此，才能以其独特性和个性化使品牌产品在市场上变得稀缺，创造出独特的市场地位，让品牌扎根在消费者的大脑中，成为消费者的首选，企业也就自然而然地获得了超强的变现机会。

（2）稀缺感会增强消费者的消费意愿。在实践中，可以人为制造某种物品的稀缺感，并由此引发抢购。比如，小米手机起步时的饥饿营销模式：官网独家销售，每周二中午12点开放抢购，抢购时间一分钟即告结束。当然，好的产品与出色的营销手段是饥饿营销的基础，饥饿营销通过把潜在消费者吸引过来，然后限制供货量，制造出"供不应求"的热销假象，从而增加商品销量和提高商品利润。

在小米的案例中，其主要是从限量供应和时间限制两个方面来创造稀缺性的。限量供应激发了消费者的购买欲望，因为他们知道这个产品可能很快就会售罄，从而加速购买的决策过程；设定时间限制（如限时促销），又制造出人们急于获取产品或服务的紧迫感。这种时间压力可以促使消费者更快速地做出购买决策。小米的饥饿营销模式为小米打开了销售市场的大门，但对"饥饿度"的把控也成为小米日后为消费者所诟病的方面。所以，企业要控制稀缺感的"度"，避免过度操作使消费者产生被愚弄之感。

总而言之，在商业世界，谁能够赚钱，往往取决于谁能够更好地把握和利用稀缺性机会。而稀缺性并非天然存在的，有时候它可以被有意地创造出来。通过巧妙的策略和市场定位，企业可以使自己的产品或服务显得稀缺，从而引发更高的需求，卖出更高的价格。

第一模式不如唯一模式

处于"第一"位的品牌往往是市场和消费者做出消费选择时的直接参考项。所以,自己的品牌是否位居行业"第一",也是企业是否具备超强竞争力和超强变现能力的直接体现。

通用电气前董事长兼首席执行官杰克·韦尔奇曾提出一个"数一数二战略",他说:"当你是市场中的第四或第五的时候,老大打一个喷嚏,你就会染上肺炎。当你是老大的时候,你就能掌握自己的命运,你后面的公司在困难时期将不得不被兼并重组。"但是,能成为"第一"的,只有一个;如果难以成为"第一",那就不如成为"唯一",以唯一提升自己的市场识别度。

所谓"唯一",就是突出自身的特点,使之成为自身的标签,让自己成为行业中的唯一,并将其做好。"唯一"总是令人记忆深刻,这也是企业和品牌变现的基础。

以坚果零食行业为例。近年来,传统零食品牌与网红品牌进行着激烈的竞争。传统品牌一度主打好吃、物美价廉,而良品铺子却于2019年在行业内率先提出"高端零食"的定位，矢志于"为消费者提供高品质、高颜值、高体验，并满足精神层面需求的产品"，并锁定了"明确高质量的产品标准，重点关注细分人群的健康营养，符合消费者生活场景的需要"这3个核心方向。2020年2月24日，良品铺子成功在上交所挂牌上市，成为"高端零食第一股"。

2023年5月17日，中国副食流通协会发布全国首份《儿童零食通用要求》团体标准，标准首次定义了儿童零食概念，首次提出儿童零食营养健康的要求，首次对儿童零食安全性提出要求。而标准的牵头制定者——良品铺子，在团体标准之时就同步启动了该品牌产品的迭代升级。此外，良品铺子还打造了全国首家"零食王国"店，售卖3000余款产品，开业三天销售额突破76万元。

品牌的清晰定位、核心品类的创新研发，使良品铺子在京东等电商平台和渠道的销售排行榜上长期居于第一。良品铺子在零食领域努力构建着标准化壁垒，力求"人有我优"，创新或重塑品类或行业标准，以此最大化地呈现出行业优势。通过标准化壁垒的建立，良品铺子在消费者心智中创建出了"品类标准"，对竞争品牌与跟进者来说这无疑是更大的竞争压力。所以说，完美的品牌战略，并不是要成为行业的第一，而是要让自己与众不同，不能复制或难以被复制。

那么，如何凸显出自己的唯一性呢？这就需要进行更深度的市场细分。以农副产品品牌定位为例，一些企业"做唯一"时，会特别注意挖掘品牌的历史、地理、传统、风俗等文化特征，于是开发出更多类似于阳澄湖大闸蟹、新疆哈密瓜、陕西苹果这样的地域品牌。不可否认，一方水土养一方名品，农产品的地域性优势不容忽视。独特的产地优势转变为品牌价值主张之后，必然会大大提高品牌高度和产品溢价能力。但如果企业希望从这些同地域品牌中脱颖而出，就需要从中再行细分，来进一步锁定自己的"唯一"之处。

在现实生活中，还有很多新产品上市时喜欢跟风、模仿、追随一些主导品牌或领先品牌。殊不知，这样既无法成为"第一"，更离"唯一"相去甚远。只有跳出品牌桎梏，找准自己的品类创新点，将"唯一"做好，才能在激烈的品牌争夺中拥有一席之地，慢慢由"唯一"转为"第一"。

品牌提价之后为何卖得更好

一般而言，对于某品牌商品，消费者通常更希望支付更低的价格；而企业则希望设计更高的售价并创造更多的销量。但如果企业毫无理由地做出提价动作，那么往往会导致消费者放弃这个品牌。那么，如何让品牌提价之后卖得更好？这就需要企业向消费者呈现其品牌价值的提升。

比如，一些奢侈品品牌会在新品提价时突出其新设计、配货及限量款，百年老字号品牌会在提价时凸显其原料的纯粹和传统工艺的复杂。这些都是为了让消费者感受到其品牌商品所承载的稀缺属性和价值感。而各奢侈品牌也得以成功提价销售,并获得更广阔的竞争空间和更高的市场地位。

1. 品牌商品提价与销售的关联

从市场销售的角度来说,越有价值感的品牌商品,越有消费者愿意眷顾,因而,提价后的商品有时反而更容易获得成功。这主要源于以下三个方面的原因。

(1)提价带来利润,驱动销售渠道的配合。对于渠道终端来说,商品涨价意味着其利润空间上调。比如,供货价上调1元,到了渠道终端时可能会上调5元,这时,就会引起渠道终端的重视,刺激产品获得推力。比如,商超就会更愿意顺势重点推广这款商品,商品也由此获得更大的销售推力。

这种提价方式一般适合于上市时间不长、尚处于推广阶段的新品,通过微调出货价来逐步调整零售价,增加最关键环节的销售推力。在此过程中,要注意两点:一是调整后的售价仍然"落点"在主流价位带内或略高,一旦超出过多可能会使推广成本增加,进而无法取得提价效果;二是产品或品牌在区域内具备较强的知名度或影响力,消费者认可其价值感,这样的提价才能形成销售推力。

(2)提价带动渠道库存增值,提升渠道链的库存压力。很多时候,企业都愿意通过增加渠道商或终端商的库存来提升自己的业绩。但有的时候,渠道终端(销售商)的库存量虽然增加得很快,但是市场上的动销量却没有形成正向循环，这便会使过多的库存成为一种隐患。比如，当渠道终端积压过多商品时，可能你会通过"甩货"将库存变现；还有可能导致产品在推广时出现大幅度的价格动荡，直接使得渠道体系崩盘，品牌走向死亡。所以，必须确定合适的节点进行提价。比如，渠道商利用中秋、春节等节庆时间，提前向市场"放风"——产品快要涨价了，本次节前半个月可以按照原价提货。一般情况下，如果产品品牌在市场上已经进入成长期或已经实施过品牌推广，而品牌又会持续大力度地进行市场投入，那么渠道终端往往会与企业结成"利益联盟体"，渠道终端会配合企业预先进货并按照要求提高挂牌价，最终成功消化库存并增加利润，由此自然也会使产品品牌获得较好的市场效果。

（3）提价呈现高端产品的稀缺性，获得消费者青睐。对于超高端产品品牌、奢侈品品牌来说，其变现时需要向消费者传达该品牌的稀缺性，提价反而成为刺激消费的必要手段。比如，一些品牌酒水、手表、箱包，都是通过提价来调节供需关系。这类商品作为礼品馈赠、宴请、自享时，会使使用者感受到较高的价值感，满足其对高地位、高生活品质的内在需求。可以说，这类商品的社交属性，决定了这类商品"越是提价，消费者越愿意购买，使用者越愿意收藏"。

在以上因素的影响下，部分品牌在适当提价、策略性提价之后，不仅不会引起消费者和渠道终端的反感，反而会进一步提高品牌价值，并带动更好的市场销量。

2. 打造品牌系统，增加品牌提价的机会

除了单一品牌提价，企业也可以通过打造品牌系统，来为品牌创造更多提价的机会。品牌系统规划所考量的类型通常包括战略品牌、系列品牌、延伸品牌、背书品牌、合作品牌、品牌总量等，具体如表6-1所示。

表6-1　品牌系统规划的类型

品牌系统	说明
战略品牌	这是指那些关系企业长期战略发展的、应该投入更多资源的重要品牌。值得注意的是，这部分品牌所涉及的产品或业务，可能当下就已经为企业创造了不菲的利润；也可能是如今看来其创造的利润并不丰厚，但是会在未来成为企业的主要销量和利润贡献者
系列品牌	这是指那些被归于同一个品牌名下的多个产品或服务。概括地说，企业需要准确认系列品牌的真实情况，比如，系列品牌下的具体产品内容有哪些？该系列品牌的品牌识别符号是怎样的？品牌识别符号在各种环境下的作用效果如何？未来的系列品牌是什么？该系列品牌是否可以为其他产品品牌提供背书？等等
延伸品牌	优秀的企业品牌可以考虑通过横向延伸或纵向延伸，创造更多盈利机会和盈利空间。通常，企业应从品牌延伸效果来确认品牌的延伸性，比如，企业拥有的品牌是否适合进行水平延伸或垂直延伸？其具有的哪些形象元素适合被作为着力点？在进行横向或纵向品牌延伸时，应当采用怎样的品牌战略？该品牌是否有助于发展子品牌？如果发展子品牌，是否可以让品牌形象更加深入人心？
背书品牌	这是指那些位于产品品牌与服务品牌背后的支持性品牌。企业在规划背书品牌时，不妨思考以下问题：哪些品牌是可以扮演背书者的角色的？这些品牌可以怎样为本品牌实现增值？这些可供背书的品牌形象与自身品牌之间是契合的吗？是否已有现实案例可证明这一点？是否需要增加背书品牌的数量？是需要多多宣传背书品牌，还是直接切断与背书品牌的关联？综合考虑上述问题之后，再来确定本品牌的背书品牌以及关联问题的处理

续表

品牌系统	说明
合作品牌	企业需要确认：自身品牌是否需要考虑与其他品牌合作？目前有机会与哪些品牌合作？哪些类型的合作品牌能够减少自身品牌识别的局限？哪些类型的品牌能够强化自身的品牌识别？在合作中，自身品牌适合成为一个修饰品牌还是一个被修饰品牌？可以在什么时候启动合作？以及采取怎样的合作模式？等等
品牌总量	对于任何企业来说，都必须确保其品牌系统所覆盖的品牌总量是适宜的。对此，企业需要：确认企业共有多少个品牌？品牌数量是否太多或太少？在决定增加或减少品牌时，是以什么作为判断标准的？这些判断标准是否被验证有效能够提高品牌系统的总体价值

通过打造品牌系统延伸，企业可以提升客户对品牌价值的认知和体验感，而后再进行提价时，便会让客户更容易接受提高后的价格。

模式精髓：独特性、稀有性与不可多得性

对各种商业模式加以分析后发现：不管是企业选择了什么样的商业模式，但凡实现成功变现的商业模式，往往具有三大特征：独特性、稀有性与不可多得性。

1. 独特性

商业模式的独特性是指有别于其他模式且能促使企业持续发展和盈利的特征。一般来说，商业模式的独特价值可以是新思维，也可以是产品和服务独特性的组合。这种与众不同之处是其打动用户、让用户为之

买单的关键所在。

2. 稀有性

使商业模式具有稀有性特征，这需要企业创业者积极发现不一样的利益点，打造不一样的利益提供管道。

在用户满足参与门槛的基础上，企业可以设置一些特别的优惠活动，比如集赞、助力、砍价等裂变活动。这些活动需要用户做出某些特定行为符合条件后才能参与，比如，"转发海报到朋友圈，集齐30个赞，即可享受折扣价"。这样的条件设定，比"进店消费即可享受8.5折优惠"更吸引用户。再比如，拼多多早年的"砍一刀"助力活动，需要用户集合多人之力，特别是新用户的助力，方能获得免单或领取现金的机会。而拼多多由此以极快的速度成为家喻户晓的平台，平台商家也由此得到了大量的用户登录和更大范围的推广机会。

这些转发集赞、砍价助力活动之所以能够取得成功，其核心便在于使用户或参与者感受到了活动的稀有性以及这个稀有活动的可及性。用户操作过程的难度，会使用户认同这份稀有性，进而对该企业、企业所推出的活动及其商品产生兴趣；而用户在活动参与过程中需要以个人时间成本、人脉成本换取优惠，这又会促使用户更认可商品或活动的价值。

3. 不可多得性

不可多得性是指企业通过某种限制性手段（如限时、限量、限身份、限地区等）而形成的一种特性。

比如，有的店铺会选择给所有用户免费开卡，让用户购物时直接领取折扣的模式；而有的店铺则设置为限定式的会员开卡模式：国庆节当天进店的60岁以上老人，可以领取600元购物金在购物时使用，限量50位会员，赠完为止。这样一来，拿到会员卡的用户就会认为自己是幸运的，因此会更加珍惜这张会员卡，从而大大提升用户消费的概率。

从经营角度来说，用户使用的购物金会缩小企业的利润空间。故而部分企业为了保证自身的利润，会采用暗中提价的方式使得用户在使用购物金购买商品时也并不划算，这样的欺诈方法被用户发现后不仅会让其对"购物金"嗤之以鼻，还会对企业的产品产生抵触情绪。这对企业来说是得不偿失的做法。所以，如何设置购物金的使用门槛，既能让用户感受到自己占了便宜，又能保障企业有足够的利润空间或可以承受所做出的利润让步，是一个需要企业慎重考量的问题。

特色才是网络时代生存的基础

在网络时代，人们对同质化商品或品牌日益敏感，缺少特色的商品或品牌会直接影响消费者和市场的认知判断。传统的"一招鲜"模式会通过网络的重复传播，在人们眼中逐渐失去趣味，而同质化、无特色更意味着品牌或企业难以在人们的认知中被识别和获得长时间的停留。

在实践中，我们常常看到一些企业品牌的商品没特色，推广活动不专业，表面上看是在热热闹闹地搞活动，实则陷入了形式主义的泥沼，活动效果不尽如人意。近年来，直播带货兴起。一些企业见别的企业搞得风生水起，也迅速跟风，找个主播匆忙带货。结果，企业付出不菲的坑位费，最终却少有消费者买单。还有的企业虽然斥巨资做了平台广告，但却没有给消费者留下深刻的印象，后续商品收益入账无法填平宣传支出的坑。诸如此类的现象说明，没有特色就难有起色，进而也就没有特色就难以出色，难以在消费者头脑中创造出强大的记忆效果。

事实上，任何企业或品牌的经营活动都需要有其可称道的、鲜明的特色之处。特色是竞争对手不易于模仿的方面，也是企业赢得消费者的关键点。要想在竞争中脱颖而出，就要错位发展，打造属于自己的特色。

以旅游业发展为例。近年来，通过拍摄短视频的方式宣传当地旅游景点早已不是个例，文旅局长也积极出镜为家乡代言，并且这一热潮一度蔓延至全国。无论是鲜衣怒马驰骋在新疆雪原的新疆伊犁州文旅局副局长贺娇龙，还是一身白衣畅游湖北千年银杏谷景区的随州市文旅局局长解伟，抑或是变装侠客"仗剑游甘孜"的四川甘孜文旅局局长刘洪，越来越多文旅局长都在采取更接地气的宣传方式进行文旅资源推介。对于各地文旅局长从幕后走向台前的热潮，文旅部官方微信账号也点评称："文旅局长们'卷'得火热，既展现了当地丰富的旅游资源和深厚的文化底蕴，也让游客看到了诚心与真心。"

从增量创造的角度来说，各地旅游业的发展离不开其在网络传播介质上的特色塑造。以四川省为例，截至2022年底，四川省共有超百位文旅局长参与拍摄"文旅局长说文旅"系列短视频，这些短视频在全网播放量超3.5亿次。而要真正将这些流量转变为"留量"，则需要各地在网络宣传中真正呈现出自己的特色，以达到吸引潜在游客的目的。因为特色就是生命力，有特色才能有吸引力和影响力。特色是网络时代生存的基础。

每一个创新点都是变现点

每一种商业模式都有其独特的竞争优势和适用的阶段。所以，商业模式也有"过时"一说。当商业模式过时了，不能满足消费者价值需求，难以为企业带来预期的变现机会时，企业就需要考虑调整商业模式方向，实施商业模式创新了。

在连续亏损数年的背景下，四川航空早已处于资不抵债的状态。为了早日摆脱这一经营窘境，四川航空公司在技术、服务、模式等方面做出了积极的创新。2022年12月，四川航空公司在"2022中国文化和旅游总评榜四川分榜"上获评"卓越创新航空公司"。

1. 技术创新：推进Ka卫星技术改装

2022年11月，川航、中国卫通、星航互联成立的"航空互联网品牌与创新联合实验室"正式揭牌，三方携手创建了独具特色的"卫星＋飞机＋运营"空地互联业务商业合作新模式，实现了国内首个Ka卫星技术航空互联网方案的批量装机。截至2023年8月，川航每天有超过50趟航班实现地空互联。如果乘客乘坐的是川航Wi-Fi宽体机，那么旅客可以在飞机上直接购买空中的上网服务。

2. 服务创新：突出四川特色，打造个性化服务场景

2016年，四川航空正式发布"熊猫之路"计划。此后，川航持续打造A350熊猫主题涂装飞机，创新推出熊猫主题系列文创产品、主题餐饮、机上物料等，向中外旅客提供具有丰富文化体验的"熊猫旅途"航班服务。同时，川航还持续推出了一大批独特的"中国元素 四川味道"机上餐食，开发了"红色经典餐""绿色健康餐""黑色养生餐"等套系，带给旅客更加丰富的美食体验。

3. 模式创新：打开链接思维，实现多方互利共赢

四川航空公司在商业模式上采用的是链接思维，使航空公司与消费者、司机、车行建立起联系，并确保多方共赢。

商业模式变现——一切为了变现，不能变现的商业模式是无效模式

因机场通常离市区较远，因而导致旅客的单程车费往往很高，而且还要提前花时间和精力去约车、候车。针对这样的问题，四川航空公司一改传统的经营模式，向广大旅客承诺：凡是购买四川航空5折以上机票的乘客，可以得到他们免费送至市区的服务。这个策略一经实施，四川航空的订单量一路飙升，增加了45%的客源。

为了解决接送乘客的车辆与司机问题，四川航空公司从东风汽车订购了150辆7座车，将一台车的购入价从14.8万元谈到了9万元。四川航空承诺，每次接到乘客都会帮汽车做宣传。对东风汽车来说，这是每天都在打广告，且比自己打广告更见效果。

随后，四川航空公司将这批车以每辆17.8万元的价格卖给当地需要买车的人。然而，虽然售价远高于市场定价14.8万元，但仍然有司机买下。因为对司机来说，不仅有了属于自己的车，还能得到一份长期稳定的工作——司机每接送一名乘客，四川航空公司会支付25元的服务费。而且，飞机一落地，车上即刻坐满，不必花费太长的等待时间。

就这样，四川航空通过多维度创新，既提高了本公司的服务水平、增加了公司的收入项，又给司机、汽车公司带来了实实在在的好处，可谓"一举多得，多方共赢"。①

一般而言，常见的商业模式创新有以下三条路径。

---

① 新模式·新机会：四川航空获评"卓越创新航空公司".四川航空，2022年12月27日。

（1）重新定义客户。这需要企业在确定目标市场之后，根据市场需求重新定位客户的价值主张，及时满足客户的最新动态需求。

（2）创新产品或服务。合适的产品或服务，既要满足客户的需求，同时也要实现差异化。差异化意味着产品或服务具有难以模仿的价值属性，更有利于企业商业之路的开启和实现长期盈利。

（3）改变盈利模式。盈利模式的设计与创新，都要求企业必须明确一个问题：对什么产品或服务通过什么样的方式来获得盈利？在企业发展未成熟的阶段，企业的盈利模式大多为自发形式，即企业对如何盈利、未来能否盈利尚缺乏清醒的认知。而后，随着市场竞争的日趋激烈以及企业发展的逐渐成熟，企业必须重视对自身盈利模式的研究，拓展新型盈利模式，并自觉调整盈利模式。

在商业实践中，创新应伴随企业经营的始终。因此，企业要不断地寻找创新点，触动并满足客户的新需求。如此一来，自然而然地也就增强了企业的变现能力。

第三部分
模式变现是一种实战组合

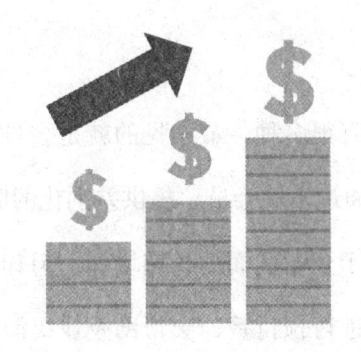

第七章 快模式叠加慢模式

商业变现模式多种多样,有快模式,也有慢模式。不同的企业、不同的项目有不同的适用模式。而如果能够让快模式与慢模式叠加起来,那么就会使得企业的商业变现能力增强,变现效果也会更为高频和持久。

会员制营销和预付费模式

商业变现的快模式有很多种,最常见的就是会员制营销和预付费模式。会员制营销是企业通过发展会员,提供差别化的服务和精准的营销,提高顾客忠诚度,有助于企业利润的长期增加,但却是一种慢模式。而鼓励会员在个人账号下进行预付费,会帮助企业提前获得经营资金和利润,这就是在慢模式的基础上叠加了一种变现的快模式。

会员制营销又称俱乐部营销,是指企业以某项利益或服务为主题将人们组成一个俱乐部形式的团体,开展宣传、销售、促销等营销活动。

会员卡是会员进行消费时享受优惠政策或特殊待遇的"身份证"。当客户缴纳一笔会费、购买一定数量的商品后，便可享受到会员专属权利。这种会员专属权利的设定，在时间、折扣额度等方面都存在着差异，非常容易吸引新客户和维持老客户。

会员制营销模式的发展经过了五个阶段：第一个阶段是20世纪初，刚刚兴起俱乐部会员身份识别。到了20世纪60年代，商业零售、服务企业开始实施客户身份识别，这是第二个阶段。20世纪70年代末，随着IT技术在商业领域的应用，让企业可以知道自己的客户是谁，客户买了什么，并匹配有积分制，这是会员制营销模式发展的第三个阶段。20世纪90年代时进入第四个阶段，此时，数据库技术逐渐发展成熟，企业开始利用会员制开展精准营销活动，比如企业会根据顾客的个人购买信息，预估其下一次购买行为可能发生的时间和数量等，以为其提供更为贴心的营销服务活动。21世纪初，一些发达国家不再满足于精准的营销活动，开始逐步建立行业联盟，开展跨行业的精准营销。

随着IT技术的发展，尤其是互联网的普及，会员制营销正在成为企业的必然选择——哪个企业优先建立会员制营销体系，哪个企业就会在激烈的市场竞争中处于优势的地位。在会员制营销模式下，企业的商品或服务特征会在客户的认知中形成深刻的印记，为企业培养出忠诚的客户群，从而建立起一个长期稳定的市场，提高企业在竞争环境下的实力。

而且，会员制营销也会更好地推进企业与客户的互动关系。客户成为会员后，通常能定期收到商家有关新商品的信息并了解商品信息和商家动态，然后有针对性地选购商品。除此之外，企业及时了解客户需求的变化，了解他们对产品、服务等方面的意见的做法，也为改进企业的营销模式提供了依据。

这样看起来，会员制营销似乎很简单，不过在实际操作过程中，要想让会员制营销发挥作用也并非易事。

1. 做好会员预付费引导

预付款消费模式就是客户先对商家授信，预先付费，然后延期消费商家的服务和产品。近年来，预付款消费模式在我国教育培训、百货零售、美容美发、休闲健身等行业盛行。这种消费模式有利于商家回笼资金和锁定客户。首先，商家先收预付款，意味着其预售款增加，应收款减少，现金流可以提前控制在商家的手里进行调配；其次，商家不需要再派人去花费时间和精力做催收和回款工作；最后，商家与客户达成了未来周期内的服务契约，因而商家可以提前做好服务规划。

同时，这种先付款后服务的预付款消费模式，商家往往以购买金卡、银卡、贵宾卡等预付费消费卡可享受不同档次的优惠、折扣来吸引客户。由于商家对预付款消费一般都给出较大的折扣，相比一次性消费要便宜，所以很多客户开始接受这种消费模式。但对于客户来说，这种看似物美价廉的消费模式并非个个"明明白白""货真价实"，有的甚至暗藏陷阱。近年来，先付款再消费的商业模式成为部分商家在遭遇经营变故后圈钱跑路、侵犯客户财产的捷径。在这里，首先要强调的一点就是：任何商业模式都应遵守法律规定，不要辜负客户信赖，切忌以品牌声誉谋求短期变现的行为。

2. 制定科学的会员体系

企业在设计会员体系时，一定注意跟企业实际情况、客户心理结合。比如，在设计和制定会员类型时，根据细分市场的客户属性（年龄、消费级别、行业属性等），设计相应的会员级别。会员级别之间的梯度要把握合宜，如果级别太密，服务、折扣、积分之间差异不大，会员感受不到级别优势；如果级别差距拉得太大，会员又会因升级难度太大而放弃消费升级。按照心理学分析，一般高于客户基本心理承受线的20%时，属于客户愿意尝试的范围。

某服务机构的消费金额最多为3000元，于是，该机构按照储值金额500元（9.5折）、1000元（9折）、2000元（8.5折）、4000元（8折）、6000元（7.5折）设计了5个级别，实施后却发现会员体系发展速度很慢。分析之后发现，是其会员级别阶梯设置上存在不足。后来，该机构将会员级别调整为500元（9.5折）、1000元（9折）、2000元（8折）、4000元（7折）、6000元（6折），会员体系迅速扩大，进行预付费的高储值额的会员明显增多，该机构经营效益也随之大大提高。

3. 规划会员增值服务的量化目标

会员的增值活动不仅要做，还要让增值量化，从而创造更多的消费增量。

以店铺会员为例，每次去店铺购买物品都会有对应的积分，但是很多人并不知道自己积累多少积分之后可以获得什么增值服务，对店铺的积分系统缺乏全面的认知，自然也就不会积极地去做消费增量。这就要求店铺的客户服务系统能够在统计客户消费之后向客户发出具体的积分管理提示。比如："您目前每个月平均消费600元，现积分为×××。如果您按此常规消费，一年将获得积分×××，可以兑换价值200元的礼品一件（以下产品任选一件）。如果积分总额达到×××（更高值），可以兑换价值500元的礼品一件（以下产品任选一件）。"这样，客户就会明确自己长期消费之后可以获得什么礼品，以及为获得这项会员增值服务而需要消费的金额目标。

4. 建立完善的会员体系

事实上，企业的各项增值服务，都离不开健全的CRM体系。企业可以根据会员的历史消费记录进行系统翔实的记录，分析出每位会员的不同消费偏好，并通过核对消费记录，预估会员消费某一商品的周期。这样一来，企业就可以在合适的时间给会员安排针对性更强的增值服务和推广活动，让会员深刻地感觉到企业对他们的关怀，从而使之与企业建立起深厚的情感关联，来拉动更高频、更长期的消费行为。

5. 组织连锁与战略联盟，升级会员体系

为了应对激烈的市场竞争，各企业开启了共享合作模式，比如连锁店。通过对连锁店进行合理规划和设置，可以扩大企业知名度，提高服务质量，拓展业务范畴。比如，一些连锁品牌会员卡可以全国通用，实现会员储值卡消费共享，每月末由总部统一进行月结算即可。还有一些连锁机构以总部与单店配合的方式提供服务，会员可以享受总部服务＋单店服务的结构模式，总部会员中心统一做大型活动，单店做常规辅助性增值服务。这种战略联盟的达成，使得客户可以获得比单店服务更为便利的增值服务。

此外，不同行业之间也可以打造跨行业的合作联盟，通过合并会员卡系统，让多个企业共享市场、共享客户。而只要是其中一家企业的会员，就可以在联盟企业间获得全方位的、人性化的服务。

组织连锁与战略联盟的建立，是企业会员体系的再次升级，对于企业来说是非常好的持续服务与再变现创收的机会。

商业模式变现 ——一切为了变现，不能变现的商业模式是无效模式

用持续服务模式规避价格战

为了保障企业的市场占有率，很多企业不得不深入红海，大打价格战。在这场没有硝烟的战争中，同行业者之间频频出现互相压价、排挤、挖墙脚等扰乱市场规则和秩序的行为。然而，并非所有企业都具有成本优势，也并非所有企业都能通过价格战去增加市场份额并长期守住市场份额，所以大多数企业最终是陷入恶性循环，两败俱伤。因此，从理论上讲，价格战是企业应该竭力规避但又不得不选择的一种战术模式。

那么，面对对手发起的价格战，企业要如何规避呢？这就需要企业建立品牌优势：商家通过品牌推广、口碑营销等方式建立强大的品牌优势，使客户更愿意购买你的产品或服务，而不是仅关注价格。而持续提供增值服务，就是企业建立品牌优势、在一定程度上规避价格战的一种重要模式。

1. 产品或服务可以给客户带来好心情，且操作简单

客户在使用某企业的产品或享受服务的过程中，能够获得满足感、愉悦感和成就感，会促使其继续使用该产品或服务保持忠诚度。举个简单的例子，马云曾在上市时感谢中国女性。因为女性大多喜欢购物，而

阿里巴巴旗下的淘宝、天猫和聚划算上种类繁多的商品能够满足她们的需求，让她们足不出户便能享受"买遍世界"的购物愉悦感，而她们回报给阿里的则是丰厚的利润。

此外，要想让客户拥有好的消费体验，没有太多负面情绪，获取产品或服务的过程简单、便捷就很关键。使用门槛降低，才能催生出更多客户。比如，微信支付够简单，只需在第一次输入指纹密码，以后付款只需轻轻一扫，手指确认付款即可，甚至客户还可以开通小额免密支付功能，因此使用者众多，在我国微信使用者已达10亿人左右。可见，操作简单，可以让一款产品或服务获得绝大多数人的青睐。

2. 客户能够与产品或服务建立有力的情感共鸣

菲利普·科特勒在其《营销原理》一书中曾言："星巴克卖的不是咖啡，是休闲；劳力士卖的不是表，而是奢侈的感觉与自信；法拉利卖的不是普通跑车，而是一种近乎疯狂的驾驶快感与高贵；希尔顿卖的不是酒店，而是舒适与安心。"在这句话里，休闲、自信、舒适等词语所描述的都是客户追求的情感体验。伴随着物质生活水平的提高，社会开始进入情感消费时代，人们所追求的已不再局限于单纯的商品买卖，还会关注自己内心的个性化的喜好或感受。所以，企业在市场拓展过程中，也特别注意从激发出客户情感共鸣的角度去考虑和设计产品、服务，满足客户的消费情感需求。

3. 持续提供增值服务，长期占据客户心智

如果企业的产品或服务缺少明显的优势，那么自然很难吸引到客户，

在商战中也就无法占据有利地位。所以，突出自身的优势特征，并持续提供能够吸引客户的增值服务，形成客户记忆点，这是企业发展新客户的关键，也是长期占据客户心智的秘诀。

4. 持续做好客情维护，增强客户黏性

拥有良好的客户关系，让客户离不开企业的产品或服务，增强客户黏性，这是让企业远离单纯的价格战、保持与客户良好的合作关系的关键所在。

针对个体客户的客情维护，要注意投其所好，规律化地保持联络，培养客户的关联习惯。而针对客户组织的维护，服务不出差错是底线原则，在此基础上再考虑给客户送惊喜，以更优质的服务让客户感到物超所值。对于客户不满意之处，则要做好服务补偿。比如，当客户投诉的时候，企业要在第一时间帮助客户解决问题，而不是急着划分责任，企图先降低自身的损失，这样才能赢得客户的赞誉和好评，在日积月累中形成良好的口碑效应。

5. 培养客户习惯，促进重复消费

神经心理学和认知心理学认为，人类95%的消费行为是直接来源于习惯的。马汀·林斯壮曾经说过：人类的大脑有85%的时间处于自动驾驶的状态。大多数人并不喜欢主动思考，但是其脑部会自动根据个人习惯而做出自动反应。所以，在品牌营销过程中，主动培养客户的消费习惯是企业更容易提升效能的一种做法。华与华提出的"品牌营销日历"的概念，目的就是培养客户消费习惯与促进品牌营销效能的提升。

比如，部分新上市的产品在超市铺货时，会在超市入口处先行铺货，设置广告宣传牌，呈现品牌商品的核心价值，让客户产生初期的价值记忆；在超市出口收银位置再行铺货，目的是让客户对商品的记忆在消失之前因重复刺激而强化，如此一来便建立了品牌联想。当客户经历了一次次进入超市的过程之后，该品牌商品的价值记忆会逐步植入客户的大脑中，当客户产生对应需求时，便会自动产生消费行为，时间长了，客户的消费习惯就养成了，他们会持续购买该品牌的产品。对于企业来说，客户的长期购买行为也会让其逐步积累起品牌资产，企业的营销成本会大大降低。

6. 客户能够借产品或服务进行社会化分享

人类是群居动物，乐于进行某些方面的分享。能够进行社会化分享的产品或服务，宜增进客户的愉悦感，同时，也可以为企业拓展更大的客户规模。比如，微信之所以能够在短短几年内形成亿级用户规模，这与其初期"通过分享产品的方式将QQ用户的好友邀请和通信录导入微信"这个功能是密不可分的。此外，微信的订阅号功能又是与科技、教育等公众号的社会化传播功能联系起来的，当客户习惯了使用微信来联系他人、了解知识或社会信息时，其客户黏性自然而然就形成了。

当企业能够给客户以某个方面的满足和触动时，便很容易培养出客户黏性。而客户主动进行社会化分享的过程中，也会形成新一轮的认知固化，使之更为认可企业的产品或服务，从而就会持续选择这样的产品或服务。

7. 放大沉没成本，控制客户流失

老客户流失是很多企业必须重视的一个问题。在实践中，部分客户常常被价格更低的产品或服务所吸引，继而会选择更换产品或服务，转投其他企业的怀抱。这时，企业就可以通过放大沉没成本来防止老客户转投竞争对手。"沉没成本"是指那些已经发生且无法收回的支出，如已经付出的金钱、时间、精力等都属于沉没成本。以美容机构为例：美容机构可以适当对客户放大沉没成本，使客户认识到，只要她们更换美容机构，她们就要承受一系列的沉没成本。比如，费用比现在的美容机构高；美容人员的美容技能没这边高，自己的皮肤不能得到像现在这样的护理；自己的皮肤变得越来越差（这是最致命的）；等等。如果她们认为自己无法承受更换美容机构带来的沉没成本，那么她们就会打消更换美容机构的想法。

总体而言，只要企业能够持续输出自己的优质产品或服务，保障客户获取产品或服务时的愉悦心情，规避或梳理好客户的负面情绪，鼓励客户通过社会化分享等模式去推广企业品牌、产品或服务，那么客户就更容易与企业建立起良好的情感共鸣，更容易接受企业的既定价格。必要时，也可以通过放大沉没成本，去规避客户的流失现象，当然，这也需要更好地融合前面的友好服务模式，打好感情牌，这是企业避免陷于价格战泥淖的重要原则。

产品思维需要变成解决方案

随着时代的发展，客户的需求关注点已经不再局限于产品本身的功能性设置和可靠性，而是转向了关注企业提供的解决方案，以及是否能够为之提供一个较长时间跨度（几年甚至十几年）的服务方案，是否能快速响应其不断变化的各类需求。比如，客户采购了某些设备之后，可能因自身的能力有限而难以安装、维护和升级，这就需要企业方能够长期提供这些服务支持。

华为创始人任正非说："为客户服务是华为存在的唯一理由，也是华为生存下去的唯一基础。"2010年，任正非在华为内部讲话时指出："我们现在提的无线解决方案、网络解决方案，其实都是以自己为中心，不是以客户为中心。客户需要的是一个综合解决方案，它可以是华为做得好的东西，也可以包括华为从外面买进来的东西，只要满足其需求。因此，公司提出了运营商解决方案、企业解决方案和消费者解决方案概念。"由单品向解决方案转变，这是华为经营思维和策略上的一个重大转变。

● **商业模式变现**——一切为了变现，不能变现的商业模式是无效模式

为什么华为做出了这样的转变呢？华为在与欧美等发达国家的客户合作时发现：传统的价格战已经难以让他们动心，这些大客户更关注设备供应商的综合实力，即从产品设计、生产，到交付、安装，再到后期的服务，都要有全套的、持续性的解决方案。而华为之所以能够在竞争激烈的国际市场上杀出一条血路，恰恰得益于其的快速响应客户需求的能力和出色的技术创新能力。也就是说，其基于"端到端"流程的客户解决方案满足了客户的需求。华为之所以能够在国际上取得成功，恰恰是因为其为"信息通信技术解决方案供应商"的自我定位。这种自我定位，使得华为从产品思维转变为客户提供整套解决方案，以此建立长远的客户反应度，持续为客户创造最大价值。

如今的华为不仅在电信设备领域有着广泛的布局，在终端业务、云计算和企业解决方案等多个领域也多有涉足。比如，云计算业务作为近年来的新兴领域之一，也成为华为的增长引擎。华为通过打造强大的云计算平台和服务，为企业客户提供了灵活、高效的解决方案，帮助他们实现数字化转型。在2023年上半年，华为的云计算业务收入达到241亿元，证明了华为在该领域的领先地位。而事实上，无论是哪一项业务，华为都始终坚持以客户需求为导向，不断研发创新的解决方案，为客户带来更好的体验，继而成功赢得全球客户的信任和好评。

事实上，很多企业都需要为客户提供对应的解决方案。

以护肤品企业为例，如果企业仍然停留在产品开发这个思路上，那么其市场营销就只能停留在最浅层的需求满足基础上。而一些真正的高端客户群体或高消费群体，其往往需要获得一个配套的皮肤护理方案，使之更好地明确自身的皮肤需求，了解企业产品的特征和对需求的满足效果，进而提升客户对护肤品的体验感。并且，对于皮肤存在异常情况的客户，能够让其及时获得指导；对于追求更完美肤质的客户，也能够让其获得更进一步的肌肤护理升级服务。

可以说，对于客户来说，解决方案比产品本身更为重要，客户更愿意为解决方案支付更高的成本。因此，转变思维模式，这也是商业模式变现过程的一个重要途径。

再比如，普通人去菜市场买菜时，要么买萝卜，要么买白菜，通常都需要分别选购。但在超市里却出现了一种打包的配菜——这种配菜包是根据某一菜式的基本配方，为客户配齐所有配料，并提供烹调方法说明。客户将配菜包买回家，只需按照烹调方法简单操作即可。这种为客户提供打包配菜的增值服务，相对于单独卖菜来说，其实就是一种客户解决方案盈利模式。

还有近几年热议的预制菜，随着预制菜标准的出台，预制菜产业得到快速发展。一些工作繁忙的白领或一些人在家庭聚会时，就比较愿意选择预制菜这种省时、省力又省钱的做饭方法。客户只需要回家简单操作一下即可食用，价格也比饭店里便宜很多。这些都是围绕客户需求而产生的客户解决方案，是企业竞争升级的表现形式之一。

除上述为客户提供解决方案的方式外，还有一种为客户提供解决方案的特别实践模式，即客户原本只是来买一个小商品，结果最后却买了一大堆东西。

以客户买电脑为例，如果以产品思维来销售，那就是问清楚客户需要的电脑型号，然后调货售出即可。但如果能够给客户提供一整套解决方案呢？就要知道客户购买电脑的用途，比如，是公用还是私用，如果是公用，那么，公司属于什么类型，需要哪些配套产品和服务，并为客户提供多套备用方案。如果是作为私用，那么这台电脑是否需要配置多媒体教学设备、娱乐设备等，并承诺提供上门安装服务，等等。

从产品思维到解决方案的转变，一方面，可以拉近企业与客户之间的距离，明确客户的真实需求，进而更具有针对性地促进交易的达成；另一方面，可以延长企业与客户合作及为其服务的期限，在持续接触过程中创造下一次商业变现的机会。

多次赚钱好于一次赚钱

任何商业模式都需要诚信经营，追求多次赚钱，而不是赚一次钱。

20世纪80年代末90年代初，关中辣椒一度走红全国，远销世界。当时的售价也非常可观，一斤干辣椒可以卖到三元钱以上。当时，人们的平均收入很低，三元的售价属于非常高的价格了。而关中的农民几乎家家种辣椒，人人忙辣椒。然而，好景不长。人心似乎总是贪婪的，三元一斤的价格已经无法满足一些人的欲望。有人发现外商收购的干辣椒价格很贵，远超三元，于是就动起了歪脑筋，在干辣椒里喷水增重……时间长了，外商被当地农民和中间商坑怕了，再也不敢来这里收购干辣椒了。最后，结果可想而知，这里的干辣椒即便售价几毛钱一斤也无人问津了，关中辣椒的声名也从此陨落。

在商业时代，人们都希望以最小的投入获得最大的收益。因而，任何商业模式的运作都不应该只追求做"一锤子买卖"，而是要想方设法在少投入或不投入的基础上增加重复赚钱的机会，以达到以小博大和实现长久赚钱的目的。细水长流的买卖才更长久。

1. 重复消费，一次生意变长久生意

如果企业需要通过巨额投入来拓展市场，而客户却不会重复消费，那么这个商业模式的风险就很大。企业今天把商品卖出去了，不知道客户下次还会不会再来消费，那么这个企业就很难保持持续经营。而在一个好的商业模式下，客户会产生重复的消费行为，企业可以不断地卖给客户产品或服务，也就是说企业可以持续变现。

这里以打印机为例，我们常常看到一些企业以超低的价格去销售打印机。企业为什么这么做呢？因为客户在后期会不断地购买耗材。对于企业来说，卖打印机赚的只是一次性的钱，而耗材才是后续阶段的持续变现。甚至还有一些企业会免费赠送一些设备，但是真正要驱动这个设备，则需要按期支付软件驱动费或网络使用费，这样就将单次的设备买卖变成了长期的消费行为。

所以，现在很多企业都在使用这种将一次生意变成长久生意的经营模式，即设计一个与客户连接的价格便宜的商品，然后，通过卖耗材、服务等来锁定客户，从而实现重复地变现赚钱。

2. 一次创意可以多次复制

如果某种商业模式，人们只需要一次创意，然后复制该创意即可成功赚钱，那么这就是一个好的商业模式。

以影视类网站为例，这类网站有多种盈利方式，而且大多是单次投入多次赚钱的模式。具体而言，这类网站的盈利方式可以分为广告收入、VIP会员收入、授权和分成等几种。其中广告收入是网站通过展示广告来获得收入，比如横幅广告、贴片广告等纯广告收入，以及电影周边产品、电影票等关联收入。VIP会员收入是影视类网站向VIP会员收取的服务费，VIP会员可以享受更高清晰度的视频、更丰富的资源和更好的用户体验等服务。还有些网站会通过授权和分成的方式来获得收入，即与制片方、电影发行公司等合作，获取电影播放的授权，并与之分享收益。

再比如，特许经营类活动。人们创建出一个成功的品牌，在市场上有了影响力之后，就可以利用该品牌源源不断地吸引加盟商。此时，品牌创始人只要可以定期坐收加盟管理费即可赚得盆满钵满。

可见，无论是影视类网站，还是加盟商形式，都是一次创意便可多次复制盈利的成功的商业模式，是值得尝试和推广的商业模式。

3. 多维增值

企业可以采用多维增值模式来实现围绕客户的多维，即与客户建立消费关系之后,通过多维度开发客户价值,使之产生延展性消费行为。能够开发的客户的价值维度具体如表7-1所示。

表7-1 价值维度

价值维度	概念认知	维度说明
第一维度:交换价值	企业生产的产品满足客户需求,客户为产品付费	交换价值,代表客户颗粒化(客户只与企业发生交易),而且客户是流动的,很难进行事前行为分析和事后二次营销
第二维度:互动价值	当一部分客户给另一部分客户创造额外价值的时候,会产生互动价值	互动价值,代表客户结构化(除了企业与客户建立起关系,客户与客户之间也产生关系)。客户在一定概率上会行为固化、常态化,可以进行事前行为分析和事后多次营销
第三维度:资产价值	当客户达到一定量的时候,由量变到质变,整个客户群就会变成企业的资产	资产价值,代表客户集群化(客户形成了具有行业影响力的多层级多维度的结构化的整体系统效应)。量变到质变,客户群体涌现出单个客户完全不具备的市场价值,比如定价权和规模效应等。客户集群化之后,单个客户力量大大减弱,企业影响力大大增强。这种影响力,不仅体现在行业地位上,还体现在客户的生活场景和心智记忆中

可以说,成功的商业模式绝不会只做"一锤子买卖",而是会想方设法在少投入或不投入的基础上,增加重复赚钱的机会。从企业长期发展的角度来说,多次赚钱远远好于只赚一次钱。

快模式如何叠加慢模式

赚钱模式分快和慢，且各有利弊。快模式有利于企业快速回款变现，但如果一味单一地采用快模式又不利于企业的长期发展。慢模式是考验企业长期积累的能力，对于企业长期发展有利，但如果发展过慢，或控制不力，又可能导致企业变现速度太慢，"死"在成功的道路上。所以，如果让快模式与慢模式叠加起来，那么对企业的成功且长期变现无疑是有利的。

1. 以快模式拉动回款速度

能够推动快速变现的商业模式，对企业运营与销售都是一个很大的考验。近年来，随着互联网和数字技术的发展，很多企业都改变了传统销售渠道的格局，通过快速、高效的服务方式将产品或服务从工厂直接送到消费者手中，实现了供应链的简化和效益的最大化，打造了一种更加迅速、敏捷的销售模式。这种销售模式既降低了商品售价，节约了消费者的购物时间，也为消费者创造了良好的消费体验，激发了其购买欲望，从而帮助企业快速变现。当然，快模式对产品本身的质量优势、价格优势以及企业的运营销售能力、供应链能力也提出了更高的要求，既要确保产品本身满足消费者要求，也要企业在面对突发爆单情况时有足够的应对能力。

除了电商模式之外，还有很多可以快速赚钱的商业模式。比如，利用虚拟现实技术和区块链技术等热门技术来提高赚钱的效率。可以利用虚拟现实技术创建一个虚拟的商店、办公室、教育平台等，来吸引客户，让客户在虚拟环境中购买商品或服务。而区块链技术的优势则是可以实现去中心化交易。在实践中，企业可以在购物平台上使用区块链技术，实现无中介的交易，从而降低交易成本，提高交易效率。

此外，共享经济也是当今商业经营中的一个热门的快模式。共享经济可以帮助企业实现资源的共享，从而降低成本。在生活中，我们可以将自己闲置的物品共享给有需求的人，实现资源上的互通有无。而企业也可以利用共享经济，在衣食住行等方面为人们提供各种生活服务，如共享单车、共享充电宝、共享篮球、共享雨伞，等等。

2. 以慢模式做积累

如果说快模式更侧重于前期销售，那么慢模式则更侧重于后端服务，在长期服务与客户关系共享中衍生出更多种类的服务。比如，前文提到的IP衍生模式，一个IP要想建立起来需要数月乃至数年的积淀，这对IP持有者（企业和个人）来说是极大的考验，需要长期的打磨。如果IP塑造过程中出现非预期差错，那么这一次的商业实践就可能宣告失败。但如果能够借助高级的运营，厚积薄发，推动IP势能的转化和资源的整合，那么变现的边界将得到进一步拓展，使企业保持业绩的稳步持续增长。

3.快模式与慢模式的叠加

那么，如何将两种模式叠加起来，既能够让企业在快模式下快速变现，又能够立足长远发展呢？一种思路是：将企业项目简单地区分为一部分快模式，一部分慢模式，以快模式的收益去支持慢模式的推进。但这种理论化的做法难免使企业内部经营分裂开来，稍有不当，就会使快模式下的相关人员心生不满。

而且，在此过程中，对专注度的要求也很高。鉴于此，有的投资者会建议企业利用已经获得的影响力去涉足其他领域赚快钱。但是，这样做虽然表面上看可以让企业的现金流更丰盈，但因其与企业核心无关，行业专注度不够，故而对企业的长远发展并没有太大好处。

最理想的模式是：对慢模式下的产出周期进行分解，按阶段验收成果，选择合适的方式推动阶段性成果的快速变现。至于具体实践中，快模式与慢模式如何结合以及程度如何，自然也是一个互相博弈、互相协调的过程，把握优势、顺势而为是关键。

靠服务赚钱是大势所趋

不要说现在生意不好做，不要说现在的钱不好赚，如果能够做出好产品和提供好的服务体验，不管是个人还是企业都会走向成功。所以，在做产品和服务的时候，不能仅考虑单独的产品生产成本，在服务这块也要加大投入，因为在很多消费行为中，客户都要享受服务，因此如果企业能从咨询环节到售后环节都让客户满意。那么客户下次有相关需求就一定会复购。企业用好的服务打动人心，目的是做到超高口碑，拥有超高口碑可以实现自动营销、自动销售、自动传播和自动裂变。一个企业高利润的核心是：打造让客户为之疯狂的产品和服务。

1. 最极致的服务最赚钱

只有把客户服务好了，才能让企业产生源源不断的利润。

在河南许昌有一家家喻户晓的本地商超——胖东来。提到胖东来，很多消费者都会这样说："如果你来许昌，就一定要逛胖东来，而且大概率进去就不想空着手出来。"为什么呢？因为胖东来有着极致的服务。据称，在服务方面，胖东来在每层楼都设置了饮水点，还提供改裤边、停车等服务；在货架边悬挂放大镜以方便老年人购物；遇到下雪天气，工作人员还会帮顾客扫雪。在商品销售方面，胖东来会在晚间 7:30 后进行打折销售活动，一些顾客会挑这个时间段去选购一些便宜的商品；而对于顾客不满意的商品，胖东来则会立即安排退货。胖东来提供的极致服务，使其在社会口碑和民生商品消费上有着绝对的"群众优势"。

在较为成熟的市场环境中，对于客户而言，选择在哪家企业进行消费其价格差异往往不会太大。这时，客户就更侧重于体验感的差异了。

也就是说，只要企业在主营业务可靠的基础上将服务细节安排到位，那么企业就必然可以持续壮大。

2. 关键时刻服务模式，以好口碑创造业绩

为客户服务也需要考虑关键时刻。有个 MOT（Moments of Truth）模型是指为客户服务的"关键时刻"。对企业来说，了解这个关键时刻，就可以为客户提供精准的服务，高效解决客户的需求，增强客户黏性及忠诚度，从而为企业创造更高的业绩和更好的口碑。

关键时刻这一理论是由北欧航空公司前总裁詹·卡尔森创造的。他认为，关键时刻就是客户与北欧航空公司的职员面对面相互交流的时刻，放大之，就是指客户与企业的各种资源发生接触的那一刻。这个时刻决定了企业未来的成败。采用 MOT 模式更有助于达到以下状态：

（1）服务质量标准化。提升服务水平，减少服务纠纷。而经由完整的 MOT 训练，也可以让员工发自内心地关怀客户，并提升事务处理能力。

（2）提升工作效率。协助第一线员工在第一时间给客户做出完整的答复和帮助客户解决问题。

（3）强化人际关系。经由服务过程，员工对客户做好个人营销，来扩展个人人际关系。

简单来说，关键时刻就是让产品或服务的销售过程标准化。这样，就能让客户感受到专业和超值，从而促使其对企业产生极高的忠诚度，为企业提升业绩打下基础。

比如,有一位顾客想要订一家酒店。那么,这里的 MOT 关键时刻指标就体现在这样几个方面:前台回复、路线提醒、代挪车服务、大厅环境布局、前台开房卡服务、内部空气质量等。所以,企业要提高竞争力,就需要对售前、售中、售后等过程进行细化。

可以说,要想打造不销而销的企业,最关键的就是良好地呈现各种服务细节。在日常服务中,有两类细节是企业必须重视的:一是核对服务流程。在为客户服务前要一一核对服务流程、服务时间和服务项目等内容,确保客户了解自己当天的服务项目和流程,省去不必要的麻烦。二是做好服务记录。服务记录的目的是分析客户的需求和服务过程,确认客户需求满足情况,挖掘客户潜在需求,规避客户不满意之处。

最适合当下的商业模式就是最好的商业模式

商业模式有很多种,它们最初因应时代变化而产生,最终也会因时代嬗变而退出。而任何一种商业模式的变现效果都不是永久的,都有着一定的时效性。直白地说,商业模式也可能面临着过时的问题。如果企业一直困于某种过时的商业模式,而不能随着市场和消费者需求的变化做出调整和改进，那么企业将很难有所发展。

1. 商业模式在实战中持续演变

事实上，企业的商业模式并不复杂，当不同时期的市场价值发生变化时，人们就会从契合市场变化的角度设计出一种新的商业模式。

最早的商业模式是店铺模式，就是企业选择消费人群数量较多的地方开设实体店铺，为消费人群提供所需的产品或服务。这种商业模式存在的大背景是市场需求旺盛，产品供不应求，如超市、农贸市场、乡村集市等，都属于店铺型商业模式。

然而，近些年，随着卖方市场向买方市场转移，商品开始供过于求，消费者也出现了购买惰性心理或抗衡心理，这时便出现了搭售型商业模式。在这种商业模式下，企业通过将基本产品与搭售产品捆绑在一起销售，来尽可能地刺激消费者需求，达成企业的销售预期目标。目前，仍然有一些企业会采用搭售模式，甚至是强行搭售行为。值得注意的是，如果企业强行搭售，违背消费者的意愿，损害消费者的利益，那么企业就会失去客户，遭受更大的损失。

当市场需求较为集中且具体时，只要企业能够实现技术领先，在产品功能上有所改进，那么企业就可以迅速升级为行业寡头。这种集群式商业模式的最大特征是抢占市场先机，强调规模上的做大做强，属于规模化经济效应。但在市场需求饱和的状态下，这种模式可能使企业面临产能过剩的问题。

再后来，部分市场的资源过于饱和，很多人不愿意购入或保存太多闲置物品,由此又出现了以共享资源为代表的共享型商业模式。这种商业模式侧重于优化社会中没有被重复利用的资源。以共享单车服务为例,押金和租赁费用并不是共享单车的完全商业模式,大多数共享单车服务企业是通过赞助、广告的形式获取变现收入的。

2. 敢于突破过去的商业模式

在很长一段时间里,企业都选择垂直商业模式,即强调在一个领域精耕细作,力求将企业单品或服务做到极致。比如,做空调的企业就专注于开发和销售空调,消费者一想买空调就会自然而然地想到这个企业的空调。这就是在空调的垂直领域做到了极致,使得该品牌的空调在消费者的头脑中形成了深刻的记忆,消费者购买这个品牌的空调,企业由此实现变现。

近年来,很多企业将发展目标定位为"行业领先""××排行榜第几位",这都是企业在垂直领域做出的努力。努力是必要的,但同时也使得同领域企业之间"内卷"程度越来越高,企业生存之艰日益增强。

这时,企业就需要考虑突破思维局限,调整商业模式。如果过去追求专精的垂直商业模式已难以更好地变现,那么就需要考虑横向延展模式了。比如,企业可能在做A项目,但变现却是从A项目的支持型项目上实现的。

3. 分层开展商业模式创新实践

商业模式创新可以从基础层面、运营模式层面和平台层面展开,寻找适合企业发展的实践方向。

(1)基础层面的创新。企业通常可以从创新客户(重新定义客户群）、创新客户价值（价值延伸）、创新价值网络（创新客户价值的生成和创造机制）方面来进行。

例如，曾经高档的奢侈品开始进入平价市场，那么反过来，曾经的平价商品也可以占领高端市场，这就是从"创新客户"的角度进行的创新。比如，蒙牛价格过去主打的是亲民，属于"老百姓喝得起的牛奶"。但随着市场的饱和，蒙牛不得不进军高端牛奶市场，以此扩大变现空间。这就是企业在重新定义客户群，也是一种逆向的思维方式。

（2）运营模式层面的创新。这主要是指企业对经营方式、收入方式的创新，如表7-2所示。

表7-2 运营模式层面的创新

层面	说明
从产品模式到运营模式	BOT（建设—经营—转让）模式、EPC（合同能源管理）模式以及PPP（政府和私人资本合作）模式都属于运营模式的创新
从交易模式到关系模式	企业与客户之间的合作不再是简单的交易模式（以单次交易为始终），而是变成了一种关系模式。社群模式就是一种成功的关系模式的实践。很多企业都在建立社群，进行市场的平面扩张和客户需求的深度挖掘。随着社群规模的壮大，自组织机制也逐渐形成，由此又衍生出了让客户自主完成的平台型服务项目和商业模式
从分散服务模式到云服务模式	过去的软件企业是直接以软件系统为产品，来推动企业变现；而如今的企业是通过提供解决方案来实现变现，如云服务就是企业软件解决方案的集成。也就是说，当我们有需要时，可以直接从软件企业处租赁下载软件使用权。软件企业的运行方式发生了重大的变化。未来，在教育、医疗等领域，云服务将成为主流的运营模式和形态

（3）平台化创新。商业平台创新的类型如表7-3所示。

表7-3　商业平台创新的类型

平台类型	说明
基于客户资源和社区，吸引服务主体共同参与的平台	以商学院为例，企业家资源是一种极有价值的资源。如果把EMBA、总裁班学员等企业家资源整合起来，就有可能以此为基础，形成复合型、平台型商业模式。比如引进服务机构、拓展服务内容等。这种平台化创新对服装、餐饮、旅游、零售等许多传统行业企业来说，具有较强的可操作性
基于内部自组织的平台	比如，一家企业允许所有基层管理人员"只要能面向市场招来客户，即可创建新部门"。那么，这家企业就会发展成一个内部创业的平台。其内部可能出现新部门。这种平台化创新适用于包括影视、游戏、出版等在内的创意内容产业
基于分散资源进行资源整合、客户体验创新、过程控制的平台	物质形态的分散资源包括汽车、自行车、民宿等，非物质形态的分散资源主要是人力资源和知识资源。近些年兴起的各类打车平台，把分散的资源（出租车或私家车）进行整合和交易撮合，提供新的客户体验。并且，客户体验和消费的过程还可以得到控制，司机提供的服务质量不佳、客户赖账，平台都可以进行监督
基于产业联盟、产业协作体，提供多种服务的平台	比如，上海钢联既可以面向钢铁企业提供交易服务，也可以建立中国钢铁联盟，提供信息（数据）、培训、供应链金融等一系列服务。此外，在化工、陶瓷、包装、机电等许多领域，也逐渐兴起了产业联盟服务平台
整合各类信息、数据、内容、应用的各类软件平台	在浏览器、内容导航、地图等平台软件之后，一些内容软件、服务软件也开始具备平台属性。诸如今日头条、京东商城等App都在逐渐平台化

没有哪一种商业模式立于企业的任何发展时期都是最好的商业模式，只有适合企业当下情况的商业模式才是最好的商业模式。当然，商业模

式的选择与设计也不是一劳永逸的，随着商业环境的变化，商业模式必须基于适用性的考量而进行有效的优化和创新。当企业的商业变现能力逐渐减弱时，就表明企业需要调整其商业模式了。

第八章　不要低估新零售的价值

新零售与传统零售模式有所不同，它是企业运用大数据、人工智能等先进技术手段，优化升级商品制造与销售过程，重塑业态结构，并对线上服务、线下体验、物流服务加以有效融合的一种零售模式。阿里研究院对"新零售"给出的定义是：以消费者体验为中心的数据驱动的泛零售形态。可以这样理解：数据驱动有助于提高销售行为的精准度，促进零售运营效率的提升，而这种效率的提升又以优化消费者体验为中心。在新零售模式下，企业获得了更广泛而系统的渠道支持，具有了更强大的增值服务能力，变现能力也随之提升。

变现始终都是"班长的战争"

在这个信息化时代，企业要想赢得市场、快速变现，就必须打赢"班长的战争"。什么是"班长的战争"？所谓"班长"是谁？"班长"实际上就是基层管理者的代号，通常带领一个小团队，是小团队的直接领导者。

2014年11月，任正非在华为子公司董事赋能研讨会上的讲话中，又一次强调了"让最听得见炮声的人来呼唤炮火"的主张，同时提出了"未来的战争是'班长战争'的口号"。所谓"班长战争"，就是把作战的权力交给一线班长，企业高层进一步向一线放权。为了充分激发一线的活力，除了向一线听得见炮火的班长充分授权以外，华为还从功能部门为中心的运作转向以项目为中心的运作，这一巨大变革不仅意味着华为将激活千万作战团队，也意味着功能部门未来就是能力中心、资源中心，而不再是权力中心。

华为的组织结构协调了流程型组织与项目型组织的关系——流程型组织是公司的大平台，是一线作战部队坚实的后盾；项目型组织是前线的作战方式，又必须基于流程型组织。基于此，2015年华为公司明确了"从以职能型组织为中心，向以项目型组织为中心转变"的战略方针。在责任、权力、组织、资源、能力、流程和信息系统等多个组织管理要素上为一线组织提供系统的支撑。当处在市场最前沿的代表处发现机会的时候，便会以一个或几个项目小组为中心，形成一个个小型的作战单元——这些作战单元将所分析的数据和需求传递给后方（职能部门），后方所要做的就是突破部门局限，竭尽全力满足前方的需求。

比如，某个项目组急需一位专家支援，如果按照传统流程操作，一线需要向上级申请，由上级将诉求转至人力资源管理部门，再由人力资源管理部门进行综合调配，这就会浪费很多时间。而在实践中，很多客户的不满和投诉常常是因为企业的反映流程复杂和反应速度太慢导致的，而客户对企业服务的不满意又会导致后期项目资金难以按时到位。而如果企业实行"以项目为中心"，那么项目组就可以按照精简流程直接从研发部门要人，快速投入到客户问题解决过程中。因为省去了一系列的中间环节，所以企业项目组人员对于客户疑难问题的反馈与解决速度自然也会大大加快。

班长领导着企业的一线组织，是直接面向客户的一个群体，直接影响客户对企业的评价乃至企业回款的速度。如果一线组织能够更好地处理客户疑难问题，与客户形成良好和谐的关系，那么客户的满意度自然会大大提高，企业的变现速度自然也会随之提升。

需要注意的是，所谓"班长的战争"，并不是班长一个人的单打独斗。实际上，"班长的战争"更侧重于一种追求灵活、轻便和高效的组织运作，其核心是在组织和系统支持下的任务式指挥，实现一线呼唤炮火。在这种指挥模式下，基层管理者得到了合理的授权，可以更好地发挥有纪律意识的主动性，用自己的方式最有效地达成企业业务目标和满足客户需求。

华为在智能零售方面，仍有解决方案：数字化转型助力华为打造极致零售体验。

华为零售方案通过Wi-Fi和云技术实现交易场景的网络全覆盖，提升购物体验，增强客户黏性；通过零售云平台实现各个业务环节的数据整合及快速处理分析，提升运营效率。

2019年至今，我们见证了美国以一个国家的力量对抗华为一个中国企业的罕见场景，因为美国的疯狂打压和特朗普的神助攻，华为反而迅速登顶世界。华为从几个人、2万元起家到现在的19万多人、8000多亿元年销售额，究竟是什么支撑华为快速攻城略地的？华为19万人为何没有成为乌合之众，反而成为让客户尊敬、令对手敬畏的虎狼之师？华为经过多年的摸爬滚打，一路走来，不停开展内部管理创新与变革，其在以客户为中心的思想指导下，坚持努力做厚客户界面，以变应变，打赢"班长的战争"；构建以客户经理、解决方案专家、交付专家组成的工作小组，形成面向客户的"铁三角"作战单元。"铁三角"就是华为经过多年管理修炼后自我悟道的结果，其精髓是为了达到目标而打破功能壁垒，形成以项目为中心的团队运作模式。

智能化系统和增值服务变现

随着对高科技的广泛应用,在商业领域出现了新零售模式,使得商业竞争越来越围绕着消费者的体验而展开。在新零售模式下,增值服务的实现与智能化系统的关系越来越紧密。智能化系统作为增值服务不可或缺的渠道媒介,为企业提供着畅通渠道支持。

1. 为智能硬件匹配信息增值服务

在新零售模式的探索过程中,为智能硬件匹配信息增值服务是最早期的做法。全面的企业主要基于自身的核心产品,为客户提供产品功能之外、与产品使用密切相关、能够带来市场价值的服务。信息增值服务能够为产品使用提供更大的便利和更丰富的信息资源,从而提高用户黏性。

在如今,制造型企业已逐渐从传统的产品制造向融入大量信息服务要素的产品服务系统转变,可以说,信息增值服务模式已经逐渐成为许多企业开展服务化转型的重要路径。近年来,随着大数据、物联网和人工智能等数字化技术的大量应用和发展,信息增值服务开始呈现智能化的特征，并由与产品搭配的信息服务单向供给模式向满足客户个性化需求的双向交互供给模式转变。

伴随智能硬件产业发展起来的智能服务模式呈现多样化态势，尤其是在物联网技术赋能作用下，具备独立数据传输和通信交互能力的智能硬件及其应用发展迅猛，几乎融入了人们生活的方方面面，如智能手机正不断向智能穿戴、智能家居、智能车载、医疗健康等方面延伸。传统硬件制造业与信息增值服务不断融合、相互促进，不仅加速了大量新型技术的应用，更催生了智能服务新模式、新业态的涌现。

2. 搭建智能化消费场景，让增值服务升级

目前，越来越多的企业刮起了一股"智能化"风，借助App搭设购物场景。这种购物场景是通过将互联网技术、理念与线下购物场景体验有机融合，构建一个融合购物中心的Wi-Fi网络、营销互动、VIP体验、社区智能化生活联动服务等为一体的"第三生活空间"，具有更方便、更快捷、更有趣、更人性化的特征。

如今，人们在各大购物中心消费时，通常只需在手机上安装一个软件，即可享受到便利、快捷、科技感十足又具有强互动性的新型购物体验。比如，消费者还在自己的家中时，便可以打开App，预订停车位，查看购物中心品牌商品的上市信息及相关商品的折扣信息，甚至还可以在线点餐和预约排队。当消费者亲自前往购物中心时，可以通过定位导航系统驾车抵达目的地，进入停车场后找到预订的停车位。进入商场后，可以使用全域覆盖的 Wi-Fi 免费上网，利用导航技术规划最便捷的路径，快速而轻松地找到想要购买的商品，并通过手机完成支付。而到了吃饭的时间，也不用再花时间排队。由于来之前已经在家通过手机 App 的在线排队功能预约排过队，因此排到时只需在手机的提醒下直接去就餐区就餐即可。而且，在就餐过程中还可以在线预订电影票。最后，消费者还可以通过 App 自助缴纳停车费，然后离开商场，结束购物过程。这种智慧化购物场景的搭建，以智能化的技术和形式来解决各种购物过程中可能遇到的难题，使得消费者的购物过程变成一个享受生活的过程。

随着科学技术的不断深入和发展，智能化购物场景在逐步完善与优化，"高科技+商业"的形态也在不断迭进与发展。高科技不仅在科学技术革新、销售渠道建设等方面与购物消费联系在一起，其与文化、艺术、生活服务等方面也紧密结合，由此便形成了一种科技创新业态，非常具有参与性、娱乐性和文化性。

随着人工智能和科技的发展，更多的新场景在不断涌现，场景化战争的序幕早已拉开。智能系统的出现，明显增加了增值服务的含金量；高科技衍生出的更多新型商品，更是满足了大家的各种消费需求（如对于新奇与刺激等的偏好），进一步推动了消费者消费体验的全面升级。而消费者的体验感的升级，也大大增加了商业变现的概率。

利用大数据直面用户需求

企业变现的前提是客户乐于为企业产品和服务买单，而要想让客户乐于买单，则需要了解客户的真实需求，并满足客户的需求。

1. 大数据背景下用户需求发掘方式的改变

随着大数据、人工智能等高新技术的广泛应用，企业不需要与客户面对面，也可以做到直面客户需求，并将需求准确、高效地传达给供给端。在大数据时代，企业可以做到"比客户自己还了解客户"。我们打开手机中的网易新闻客户端会发现，每个人所看的新闻都是不同的。这是什么原因呢？因为网易新闻会根据客户每次的点击内容和点击频率，去发掘客户的兴趣点和关注点，从而在接下来的一段时间里为客户推送他们感兴趣的新闻或热点。

可以说，规模庞大的数据资源决定着企业的未来发展趋势。在研发实践中，企业可以基于大数据和分析结果做出研发决策，这与以往基于经验和直觉的研发决策是截然不同的。我们在市场上看到过很多爆款产品，都是先通过广泛获取的大数据，来确认客户的消费需求热点，然后再进行针对性的设计，继而生产、推向市场。

2. 明确客户需求，调和生产与供应之间的矛盾

在传统生产经营模式下，部分品牌商为了控制库存量，会强迫零售商进行销售量预测，并承担生产预测失败所造成的风险；而零售商又因库存成本问题努力压低进货的价格，如此一来，常常导致品牌商与零售商的"双输"局面。

举个例子来说，为什么以前婴童服装的售价这么高？因为在传统生产经营模式下零售商无法精准预测出家长和孩子到底喜欢的是什么样的产品，这便倒逼品牌商设计出更多的服装款式，以期让其中某款或某款产品设计能打动家长和孩子的心。于是，品牌商可能在夏天到来之前就推出了数十款小裙子，但其中可能只有10款裙子销售火爆，这被称为"爆款产品"。那么其他裙子的成本则需要借由爆款裙子的售价来摊平。所以，不明确家长和孩子的需求是婴童服装贵的原因之一。

但是，在互联网大环境下，在数据分析系统的加持下，这一切都正在改变。品牌商和零售商之间开始有意识地进行持续的敞开式沟通与交流，真正地提供被目标客户群体认同的产品和问题解决方案。目前，这一趋势在很多线上业务中表现得尤为突出。

以乐友为例，乐友利用企业多年对全球母婴产品供应链及服务链的

建设工作的有力把控，并迎合新一代客户的消费需求进行消费供应升级，积极地推进线上线下业务的全渠道整合。2000年，乐友网正式上线。2001年，乐友的第一家线下门店开业，在业内率先确立了线上线下结合的孕婴童产品零售模式。2004年，乐友会员目录创刊。2014年，乐友App上线，至此乐友正式确立"App+网上商城+连锁店"三位一体的零售模式。截至2020年，乐友开设的门店已经达到700余家，遍布全国150余个城市，其注册会员的数量也已经超过1800万。概括地说，乐友的渠道模式整合表现为：整合品类资源渠道、建设物流体系、共享会员数据等，同时采取直采直销、售后可追溯、开发自主品牌（如歌瑞家）等方式，为消费者提供一系列安全、便捷、高性价比的专业服务。

乐友采用的这种多渠道整合模式是非常值得借鉴的，如今已被广泛应用于互联网平台，使得品牌商和零售商都能够更方便地获得与利用信息资源，而后以此调整具体的产品输出与供应活动，从而更精准地规划和提升供需匹配水平。

3. 系统应用大数据信息，直面用户细致需求

基于如今的大数据技术，企业可以非常精准地锁定目标消费群体，直面用户需求。具体而言，企业可以利用大数据建模技术，根据消费者分类画设标签层；再根据消费者标签，对个体消费者进行营销信息推送，实施更高效的品牌运营策略，具体如表8-1所示。

表8-1 大数据与消费者标签层

标签层	说明
消费者属性标签层	消费者属性涉及很多方面。常见的属性标签有：消费人群属性（如客户的年龄、性别、职业类型、收入情况、消费性格等）、消费区域属性（如区域位置、区域经济发展程度、区域人口数量等），等等。一般而言，属性标签数量的多寡，与大数据平台的技术及经验丰富程度有着密切的关系——平台所应用到的大数据管理技术越成熟，其抓取的消费者属性会越精确；相关人员的大数据管理经验越丰富，那么其设计的属性分类就越科学、越适用
消费者行为标签层	一般来说，消费者经常在特定时间段内、位置范围内登录网站PC端或者App手机端。而消费者行为标签层便是企业在通过系统分析这类行为之后而设计的标签层。从本质上来讲，对行为标签层的分类是在统计出消费者行为频次之后设定出标签名称
目标消费群体标签层	这是将消费者的行为表现与该群体的基本属性结合后产生的标签层。这种组合会形成数量巨大的标签，而同一位消费者被贴上多个标签之后，便会形成综合型标签体，这也保证了目标消费群体能够得到精准的锁定

一般来说，如果消费者在某个时间段内仅仅出现过几次相同或相似的行为，并不会被归纳为一种行为标签，只有这种行为呈现出一定的规律性频次，才会被归纳为一种行为标签。比如，根据经常玩手机游戏、经常使用购物软件、经常在小红书上分享心得等消费者行为，即可细分这些消费者的行为标签，如手游人群、乐淘人群、美妆达人、爱车一族，等等。消费者的行为方式是多种多样的，所以这类行为标签可以万来计数，甚至不限于此。而从企业运营的角度来讲，在为消费者贴上这类标签之后，再去系统规划品牌营销的基本方向、营销内容和新策略，往往

可能会使其品牌的营销效果得到更大程度的保障和提升。

这样一来,企业在投放广告时便会采取更具有针对性的策略。而对于企业来说,如果能够在适宜的时间、适宜的平台,以适宜的卖点,投放适宜的产品、服务(或者广告),让品牌有效而体贴地触达消费者,这无疑会成为一种更具成效的商业零售变现模式。

数字化新零售必须做全球生意

张瑞敏曾言:"随着全球化和信息化突飞猛进,将来只会剩下两种企业:一种是全球化企业,另一种是为全球化企业打工的企业。"在数字化技术的加持下,新零售业务的可覆盖范围更加广泛,全球化是一种必然的趋势。近些年,随着竞争环境的加剧,企业必须面向全球做生意,以获得更大的利润空间,抢得更大的市场份额,"企业出海"因此成为企业创业与持续发展的风口。那么,数字化新零售模式下应该如何推进生意的全球化呢?

1. 从全球化到区域全球化的改变

过去,人们把"全球化"作为企业发展的一个宏伟目标,希望将自家生意做到全世界的每个角落。从经济学角度讲,全球化趋势是不可逆的,我国很多企业已经开始布局全球化,也越来越拥抱这种变化。而如今，全球生意开始逐渐聚焦于区域，而不是地球的全部，所以被人们称为"区域全球化"。

因为企业的诉求不同，选择从事生意的地区自然也不同。比如，现在沙特等中东地区的国家成为我国很多企业走向全球的目标。比如，我国的企业有的会通过在中东国家建主题公园、搞旅游、建设生态等方式去实现区域全球化的目的。

2. 做全球生意，要重视本地化

不同国家和地域的企业有着不同的文化。因此，中国的企业所遵守的法律、政治体制以及所持有的文化和价值观方面与其他国家和地区的企业存在不同。

而中国企业要想在本国之外实现成功营销，并不是单纯把在中国的组织架构和现有的盈利模式、商业模式复制到一些国家去就行，而是要确保二者观念与文化的融合。可以说，任何企业在不同地域的成功推广都是一个与当地文化相融合的过程。它们需要在当地建立研发中心、运营团队、市场团队、合作伙伴团队，与当地文化进行有效的融合，打造更适合当地需求的产品，做更好的样本研究，做更符合当地客户需求的技术与服务，进而实现良好的企业文化落地路径。具体来说，跨国企业要知道如何在当地进行经营聚焦，如何打造其生态系统，如何适应走向国际的变化，使企业的组织架构、运营模式能够以本土化的方式落地，以及在落地一些可能在地缘上和我国存在对抗性的国家时，要事先做好哪些风险预警机制，等等。

3. 用数字化改善企业经营模式，提升其新零售效果

借助数字化技术，很多企业调整了组织架构和业务流程运作模式。企业会搭建起能够承载全球各地人员工作反馈的平台，一线工作人员可以借助数字化网络更快速地传递当前用户需求或难题，而企业后台也可以更快速地做出反馈、指导与支持。所以，从企业整体来说，企业面向客户端的反应速度也明显加快了。

此外，借助精品数字内容的出海，也大大提升了企业做全球生意的文化接受度。以中国传统文化项目为例，一些短视频平台博主持续创作能够呈现中国文化的内容，再借助数字化内容传播，让国外友人也能够更系统地看到中国的传统文化以及中国今时今日发生的巨变。随着外国环境对中国文化接受度的提高，企业走出海外做生意的难度也在慢慢降低。

借助数字化技术，国外客户可以很方便地看到中国企业所能提供的产品或服务，企业不再需要花过多的精力去自证国家实力与企业实力，而是可以将力量集中在呈现商品本身的优质特色与满足客户需求的契合度上。从新零售角度来说，这是一场速度与效率的提升。

4. 打造虚拟型组织，整合多方面资源，提高全球性企业的协作能力与应变能力

虚拟型组织之于新零售实践而言是一种极大的组织助力。虚拟型组织是指在某个事务或目标突然出现时，将所需人员临时召集起来，待事务或目标完成后即行解散的一种组织，其突出特征是临时性。虚拟型组

织结构，也被人们称为网络型组织，它是一种仅具有精干的核心机构，以契约关系的建立和维持为基础，依靠外部机构来开展制造、销售或其他重要业务的经营活动。虚拟型组织更有助于企业面对和捕捉快速变化、转瞬即逝的市场机会。

　　一些企业自身拥有较为卓越的能力，使自己处于虚拟型组织的中心位置，能够对其他组织成员形成较大的影响，这便使得虚拟型组织中的协调工作难度大大降低，应变能力也得以提高。比如，一些全球性企业会凭借其在设计和营销方面的卓越能力，与负责生产环节的国际合作伙伴之间实现紧密的联系，对后者实施有效的控制和协调，安排对应的公司负责市场营销，由此构成一个超大的虚拟型组织形态。这也是数字化新零售模式下全球性企业的基本运营模式。

反直觉创意：现在创业变现其实比以前容易了

　　现代人的创新行为使创业模式得到改变。在如今这个时代，对于那些有创意、有行动的人来说，如果他们想去创业变现，其实比过去的时代要容易得多。随着技术与商业模式创新的兴起，个体有了更多机会去实现自己的创业梦想。

1. 反直觉创意模式

反直觉创意是实现创意的一种形式，也是现代人创业变现的一种独特的思维路径。反直觉创意模式突破了传统的销售策略，打破了过于僵化的市场营销创意模式，使一些企业或品牌能够在激烈的市场竞争中以相对轻松的姿态推动商业活动的开展。对于创业者来说，反直觉模式更明显弱化了商业变现的难度。

在实践中，不少企业的高层很难相信反直觉创意，而基层人员可能也难以在理解的基础上高效落实反直觉创意。因为反直觉创意往往看起来与人们的传统习惯、传统认知、常规做法截然不同。

比如，一位游戏设计师想为自己的游戏进行市场宣传，而广告公司建议他："不要把它定位成游戏，而要定位成一种工具。"这就是一种反直觉的商业思维。再比如，通常，人们出行时会选择开自己的汽车骑自己的自行车，而在反直觉模式下，市面上直接出现了共享单车、打车平台，消费者只需要付车辆使用费即可。

反直觉创意与传统创意思维的冲突性，使得反直觉创意提出者必须有足够大的勇气去提出这个反直觉创意的内容，并使它能够得到决策者和执行者的认可，而后才有创意实践和创业变现的机会。

那么，如何进行反直觉创意呢？反直觉创意要求所有人都勇敢地提出自己的所思所想，在吸收所有的研究者和焦点小组的成果与智慧后，再把大脑的理性思维关掉，让直觉来把控未来商业发展的前进方向。

2. 与反直觉模式匹配的资金获取模式

反直觉创意模式得到认可后，还需要考虑运营资金的获取，以保障反直觉创意能够得到执行与落地。在实践中，如果创业者缺少充足的资金支持，那么创业行动相当于"无米之炊"。而在这个令人震惊的时代里，创业者和企业家们都逐渐拓宽了资金来源，从传统的资金来源（如风险资本家和天使投资者）逐渐扩展到了一系列替代资金来源——众筹平台。这些众筹平台允许创业者从大量潜在投资者中完成运营资金筹集的工作，而不必被迫放弃自己在企业内部的原始股权。而且，企业贷款的审批程序更简洁，贷款获批的速度更快速，创业行动自然也就可以更迅速地展开。

3. 抛掉企业方的直觉或反直觉，让客户"自己来"

近年来，部分企业通过互联网媒介，让客户参与到企业经营的各个环节中，这使得客户不仅成为企业利润的创造者，还成了企业可切实利用的资源之一。

在大数据时代，企业甚至可以"比客户自己还了解客户"。打开手机上的头条 App，我们会发现：每个人浏览的新闻或关注的方向都是不同的，原因何在？头条 App 会根据客户的点击内容和点击频率去发现客户的兴趣点，然后不断地推送客户感兴趣的内容。

在实体产品企业中也是如此，人们做出的研发决策越来越与大数据建立关联，而非仅凭借企业经营方的经验和直觉。很多爆款商品的出现，都是企业通过广泛获取的用户大数据经分析确认需求热点后设计出来的。无数互联网中小企业经营者，每天盯紧京东、天猫平台上的产品销量排行榜，然后进行数据分析，力图紧密追踪市场需求的变化与趋势，力图从产品设计之初就确保产品符合市场消费需求。

也就是说，企业完全鼓励客户或消费者主动参与到商家的活动中，通过节点参与明确自己的诉求，甚至建议企业方可提供哪些产品或服务。这样一来，客户自然而然地就成了企业的利润创造者和可用资源。在这样的模式下，不再是企业找客户做变现，而是客户主动找企业，主动为企业变现。

新零售的即时变现力

新零售有一种特别的模式：本地需求 + 本地供给 + 即时配送，称为"即时零售新模式"。即时零售的启动根本原因是中国的消费主力人群在变化，他们不再是"80后""90后"，而是"00后""10后"，这群人不再有耐心等上3天再拿到宝贝，他们想要的是"现在下单，半个小时后送到我面前"，他们生长的环境和80后、90后完全不同，他们的需求就是想立即得到满足。对于企业来说，即时零售模式也提高了企业的即时

■ 商业模式变现——一切为了变现，不能变现的商业模式是无效模式

变现力。

作为传统商家，实施即时零售的核心是，有一个自己的线上平台。早在 2017 年，腾讯已经预估到了即时零售的发展趋势，所以早早推出了微信小程序。所有商家都可以拥有自己的一个平台，及时根据市场配送需求进行调整与发展。而小程序也完成了和跑腿配送等第三方服务机构的对接，打造出了超级强大的企业即时配送能力，企业的即时零售模式初步搭建完成。

如今，"即时零售"被视为新阶段电商和零售平台的重点布局赛道：京东、天猫、美团、抖音，在全国多城市联合线下数以百万计的实体店提供母婴、宠物、电器、美妆、日用百货等即时送达服务，帮助实体零售企业寻找新增量。

即时零售模式使实体零售企业连接和服务了更多消费者，扩大了门店承接的销售半径，享受了线上红利，在一定程度上增厚了线下店的经营效益。而从另一个角度看，线上与线下融合的模式，也在倒逼实体零售企业重新考虑零售的速度问题——在零售过程中快速做出反应，满足消费者需求。所以，实体零售企业要想推动线上流量变现，就要考虑拓展线下布局，将门店终端触角延长加密，从而更好地触达消费者。

不过，这也对新时代的零售企业提出了更大的挑战：要扩张门店数量，就必须衡量店租和店员薪资等固定支出，同时也要考量如何实现线

下的轻运作、薄成本、厚利润。

1. 让实体零售企业实现薄成本、厚利润

如果业绩普遍承压,企业可以通过"降本增效"来扩大企业的利润空间。

对于实体零售企业来说,店租成本和人工成本占大头,店租是刚性成本,难有变动,人工成本是柔性成本,可操作空间大。因此,实体零售企业的突破点首先要聚焦在降低人工成本上。作为劳动力密集型领域,实体零售的企业一线岗位主要面向蓝领用工市场,由于入行门槛低,该行业薪酬也普遍较低。而且,除了24小时营业的便利店外,实体零售企业的营业时间通常设定为8点30分到21点30分,遇到周末还会延长,大多数员工实行两班或三班倒机制,如果遇到节假日促销等业务波峰,员工的工作强度会变得更大……以上种种因素都导致了实体零售企业的人员流失率偏高,进而增加了企业的招聘成本和人力资源管理的难度。

另外,近年来国家和地方逐年上调最低工资标准,企业用工成本不断攀升,带来了不小的社保缴纳压力。企业用工不仅包括五险一金等显性成本,还有隐性的员工福利及风险成本(如逢年过节的礼物、团建支出、三期女职工的假期成本、退工赔偿、补偿金等)。如果一名全职员工税前薪酬是5700元,那么企业实际要付出的成本在8000~9000元。

此外,跨区域的人力资源管理也面临着巨大的挑战。对于大型零售企业来说,其业务遍布全国乃至全球,一线基层员工基数大,淡季要照常支付员工薪酬和五险一金,遇到卖场大促、节假日等业务高峰时节,又陷入用工紧缺状态,人员流失频繁,如离职发薪报税等事务性工作繁杂,所以,跨区域的人力资源管理难度和工作量都是巨大的。

2. 灵活应对多种场景,增强人员配置弹性

企业用工成本高,业务波峰招人难,人事工作繁重……以上种种,都成了掣肘实体零售轻量运营的难题。目前,"利用兼职人员或外包形式,增强人员配置弹性,降低成本"是很多大型新零售巨头的做法。

例如,某国际商超巨头与善世集团合作定制了全流程灵活用工解决方案,善世团队通过开展全国O2O招聘,借助自研灵活用工系统——灵猴Job高效交付,实现了"短期临时工招聘+管理+结算"一体化的SaaS服务,保障了客户在中国区域全部门店的营销人员、收银员、配送人员等岗位的配置,能够有效应对各种灵活的用工场景。其中,全流程BPO交付模式还大大降低了该国际商超巨头的运营成本,在双方合作期间,该国际商超巨头全年事务性工作成本下降幅度超过50%,人效大大提升。

3. 抓住线上红利,为线下人工松绑

短期临时工、业务外包、非全日制用工等多种形式的灵活用工组合,已经逐渐在实体即时零售过程中达成了共识。比如,很多商超一般都有"门店配送到家"服务,一部分商超工作人员会在收到订单后安排对应的工作人员开始拣货、打包,在次日完成配送任务。再者,还有一些商超

加入了"即时零售半小时达""即时零售半日达"等活动，这样对订单的分拣、打包和配送的人员需求就非常大了。

2023年年初，商务部将2023年定为"消费提振年"，全面激活各类圈层消费需求。政策利好释放将推进零售市场发展步入新能级，线下门店要想"轻装上阵"，离不开灵活用工模式的助力，当人工成本得到弹性释放，实体零售才能更好地承接线上流量，发挥线下门店体验与交付的价值，从而整体提升新零售的即时变现力。

第九章 未来变现靠社区生态

社区生态是指社区中各种成分之间的相互作用和关系，包括社区的目标、成员、文化、产品、服务等，以及社区对外的影响和效应。社区生态的构建和管理，需要考虑各种因素之间的平衡和协调，建立有利于社区可持续发展的良性循环。社区生态构建的重要性在于：只有构建了一个良好的社区生态，社区才能长期稳定地发展，实现其价值和目标。

社区生态和社区运营是紧密相关的，社区运营的任务之一就是构建和维护一个良好的社区生态。在互联网时代，社区已经成为企业、组织和个人重要的营销和传播阵地，社区生态建设也成为未来变现的重要发展领域。

通过社区服务或套利创造持续现金流

近些年，随着社会的进步，消费者的消费需求在不断发生改变，逐渐趋向便利化，尤其是当代的年轻人，他们往往不在意高一点的价格，而是更注重产品或服务的便利性和快捷性。因此，在传统的社区生态模式中，社区超市因为它独特的市场定位和独树一帜的经营方式而得以存活。

1. 以社区服务创造持续的现金流

在过去，社区超市仅仅是经营和买卖生活物品的地方，它以满足社区居民基本需求为目标，存在规模小、种类少、价格偏高的问题。所以，居民选择社区超市通常是从购物的便利性出发。因此，社区超市要想拓展和保持现金流状态，那么就不宜再将业务局限于销售商品上，而应考虑从销售商品转为提供服务上。

近些年，我们常常看到两种社区超市服务模式：一种是免费服务。比如，顾客可以免费使用超市内部的网络、洗手间、微波炉等，这些免费服务虽然不能直接给超市带来现金流，但却能帮助超市收集顾客需求和掌握顾客信息，吸引顾客来到超市，创造为顾客服务的可能性。另一类服务是能够给超市带来持续收入的服务。以快递代收发业务为例，社区超市可以与快递公司签订合作协议，承接小区内的快递收发业务，提供免费送货到家、驿站服务，而对顾客个人向外寄送的快递业务则可以按照各快递公司的不同费用标准来收取一定的费用。再比如，送饮用水服务，超市可以承接社区内的送水服务，居民向超市发出用水需求之后，超市工作人员就可将水送上门，为居民家的饮水机换水。

可以这样判断：如果企业（社区超市）能够提供稳定且持续的优质服务，建立好的口碑，那么自然也就会打造出持续稳定的现金流。

2. 让社区单次套利与持续服务匹配

我们知道，保证企业有持续现金流，这是一种面向未来的成长型变现模式。那么，是否有一种单次套利模式也可以既让企业一次就获得较大的利润，还能由此带动更多持续的现金流呢？

对于社区生态来说，有一些可行的单次套利模式，比如，店铺转让、预存会员管理。店铺转让是一次性转让经营。一些经营良好的店铺可能因某个突发状况而选择在经营状况火爆之时转让，由此获得相对高的转让费。但是更多店铺则是因为经营不善而转让，故而在转让过程中折损惨重，能够收回经营成本的已经算是理想状态了。

预存会员通常属于阶段性单次套利，如有的店称"办一次会员，提供一年服务"。而店铺是要长期生存的。因此，当一年时间快到了时，这类店铺就需要在持续服务过程中再设计出新的引流方案，以此吸引更多顾客办理会员，让阶段性套利与持续服务相匹配、融合，这样才能保障店铺处于持续获利状态，让阶段性单次套利模式隐性地转变成持续套利模式。

拥有社区生态就是拥有一片根据地

随着时代与需求的演进，未来的企业要么自己建立生态商业圈，要么处于别人构建的生态商业圈之中。而社区生态就是生态商业模式的一个典型。

1. 构建社区生态环境，有效运营社区生态

地理概念上的社区是以一定地域为基础的社会生活共同体。在日常生活中，人们常提及的社区往往是与个人的生活有密切关系的较小型的社区，如乡村、镇或城市的住宅小区。一个健康繁荣的社区生态，可以提供良好的居住环境和公共设施，直接影响着居民的生活质量和幸福感，还能够促进社区成员之间的相互支持和合作。在当今社会，社区生态的重要性越发凸显，同时也为社区居民和相关组织提供了变现的机会。

然而，社区生态的建设和维护并非易事。社区生态的构建，需要从不同的维度展开，如表9-1所示。

表9-1 社区生态构建的维度

构建维度	维度说明
用户体验	优化社区的界面设计和用户体验,使用户可以快速、方便地找到自己需要的内容和功能,提升用户体验;建立用户反馈渠道,听取用户的意见和建议,及时响应用户的问题和需求,提高用户满意度;通过数据分析和用户调研,了解用户的行为和需求,制定符合用户期望的策略和措施,提升用户体验
内容管理	确定社区的核心主题和内容方向,根据用户需求和兴趣推出有价值的内容,吸引用户的关注和参与;建立优质内容的创作和审核机制,确保内容的质量和可信度,避免低质量、虚假的内容出现;通过数据分析和用户反馈,了解用户对不同类型内容的需求和偏好,以不断优化社区内容的推荐和展示机制,提升用户体验
社区管理	建立完善的用户管理和违规处理机制,保证社区秩序和安定,避免出现低俗、恶意、违法的行为;提供多样化的社区互动和活动,加强用户之间的交流和沟通,增强用户的归属感和忠诚度;定期对社区数据进行监测和分析,了解用户行为和趋势,及时调整和优化社区运营策略
数据分析	建立数据分析和监测系统,收集并整理社区运营相关数据,包括用户活跃度、内容阅读量、社区参与度等,为社区运营提供指导和支持;通过数据分析,发现和分析用户行为需求,提出有针对性的改进和调整方案,实现社区运营的优化和升级;利用数据分析和监测,了解用户的行为模式和趋势,制定符合用户需求的营销策略和推广方案,提高社区的知名度和用户黏性
社交互动	通过社区话题、社区问答、社区分享等方式,增强用户之间的互动和交流,增加用户参与度和忠诚度;利用社交互动的机制,激励用户参与社区活动和推广,增加社区的曝光率和构建良好的用户口碑。具体方法包括:推出热门话题和话题讨论板块,让用户可以分享自己的看法和经验,吸引更多的用户参与讨论;推出问答互动板块,鼓励用户提出问题并互相解答,增加用户的知识储备和交流互动的机会;推出社区分享板块,让用户可以分享自己的文章、图片、视频等内容,展示自己的才华和技能

续表

构建维度	维度说明
社区推广	利用社区内容和社交互动机制,增加社区的曝光率和构建良好的用户口碑,提高社区的知名度和影响力。具体方法包括:通过社区营销和推广活动,吸引更多的潜在用户加入社区,增加用户的活跃度和参与度;利用社区用户的影响力和口碑,推广社区内容和品牌,增加社区的曝光率和构建良好的用户口碑,提高社区的知名度和影响力;与其他相关社区或机构进行合作,共同推广社区内容和品牌,增加社区的曝光率和构建良好的用户口碑,提高社区的知名度和影响力

随着社区生态的不断发展,各种社区服务和产品的需求也在增加。因此,在社区生态的建设过程中,存在着很多变现的机会。例如,社区居民可以开设小型商店或提供家政服务,为社区居民提供便利的生活服务,同时也获得收益。再比如,相关组织可以通过赞助社区活动来提升品牌形象和知名度,这也为各种社区活动和项目提供了合作与赞助的机会。

2. 中国社区生态的成功实践

在中国的城市区域,社区生态建设体现在很多方面,如胡同保护与改造。

以北京胡同保护与改造为例,在北京城市化快速发展的过程中,北京胡同作为中国传统文化的重要组成部分,也一度面临着拆迁和改造的压力。为了保护和传承这一独特的社区生态,北京市政府推出了胡同保护与改造项目。2017年,北京市明确老城不能再拆,而是通过腾退、恢复性修建，做到应保尽保。2022年底，全市已完成3 286条背街小巷的精细化整治提升。经过"绣花针"式的修缮保护，草厂四条恢复了往日的烟火气，雨儿胡同开创了"共生院落"新模式，东四胡同博物馆唤醒了浓浓的怀旧之情。而通过整治胡同环境、改善基础设施、提升居民生活品质等措施，不仅成功保护了许多胡同，使其成为文化遗产和旅游景点，同时也为胡同居民提供了自主创业和商业变现的机会。

近年来，我国乡村区域的社区生态也发展得非常好。比如，伴随着乡村旅游的发展，乡村民宿依靠绝佳的自然生态环境、独特的乡村风情和个性化的服务配套设施，越来越受到广大游客的青睐。而作为人们体验旅游地风俗和文化的载体，乡村民宿同时也是提高农村生活水平、促进当地就业的一种重要途径。

目前，全国有近80万家在线乡村民宿。而乡村民宿的发展，也从另一个角度改变了过去郊区一日游的趋势，使之变成了更深度的旅行。比如，水果和蔬菜采摘、农业研究和学习、制作手工艺品和品尝美食……这些都是最受乡村民宿游客欢迎的活动。伴随着乡村深度游的持续探索，乡村社区生态为各地乡村经济的腾飞创造了更多机会。

借宿是国内第一家非标住宿服务机构、民宿＋生活方式空间运营商。借宿创始人夏雨清在接受《21世纪经济报道》记者采访时曾表示，他在努力尝试打造一个Shopping mall，聚合国内顶尖民宿品牌，用集群化的密度来吸引游客，带动区域旅游市场，优化民宿行业标准，进而提升整个集群的商业价值。而借宿的目标非常明确，就是通过提供个性化服务，让这个平台成为高端旅行目的地和全域旅游解决方案提供者。夏雨清除了通过借宿整合国内领先的民宿品牌和融合业态之外，还希望通过与政府、文化机构、供应链品牌等合作伙伴合作，共同挖掘当地文化产品，打造出更多乡村新生活方式综合体——宿集。2018年11月6日，借宿和四川龙门山旅游公司、四川省彭州市的两镇政府签订了龙门山民宿聚落投资协议，共同打造"白瓷建筑艺术山谷"民宿集群。对于当地政府而言，除了依托当地自然环境和本土文化优势来发展乡村民宿产业之外，他们更希望凭借民宿集群的搭建，来进一步推动当地乡村经济的腾飞。

我国在积极推进乡村振兴战略的过程中，使社区生态得到了有效保护和发展，农村居民的生活质量也随之得到了提升，同时也为农村居民提供了创业和变现的机会。

可以说，无论是城市社区还是乡村社区，各地已经做出了很多探索，并取得了可喜的成果。在未来，我们可以以此为出发点，打造商业变现的根据地，推进创意生态建设深度发展，这无疑也是商业变现的极佳实践维度。

• 商业模式变现 ——一切为了变现，不能变现的商业模式是无效模式

高周转率的生态链才是变现好环境

高周转率的生态链，是指在特定的生态系统的多个环节之中流转速度快、效率高的生态链条。为什么说高周转率的生态链才是变现好环境呢？这是因为高周转率的生态链能够有效地促进资源的流动和利用，从而实现资源价值的最大化。

小米是生态型组织形态的典型实践。

小米集团成立于2010年4月，看准社交赛道，乘移动互联网之风，坚持初创时期的手机、电商、MIUI、米聊四大战略。2010年MIUI首个内测版推出，并利用发烧友社区快速积攒超过50万米粉。后来，小米把社交赛道的业务重心逐步转向硬件互联，布局小米硬件生态链，实现快速无边界AIoT生态链扩张。合作伙伴队伍不断壮大，协同效应也逐渐显现。生态链企业逐渐形成了生态系统，根基互相交织，不断向外延伸，也为新入伙伴成长提供了肥沃的土壤，竹林效应凸显。自2013年起，小米实际投资累计已超400家生态链企业。2019年年初，小米正式启动手机+AIoT双引擎战略；2020年初立项智能电动车业务，布局米车新赛

道，全场景切入用户心智，进一步夯实小米生态壁垒。2023 年，小米的手机 +AIoT 战略再升级成为手机 ×AIoT 战略，期望由此助力智能生态繁荣，用户黏性不断提升，长期变现空间更加广阔。

小米的发展主要经历了三个阶段：第一个阶段，业务起步，进军手机市场；第二个阶段，发力全生态链，实现战略协同；第三个阶段，实行手机 ×AIoT 双引擎战略，推动更多产品实现互联互通，打通产业链上下游。

从商业模式的角度来说，小米模式的核心在于以客户及技术为基础，构建一个产融结合的、全新的产业生态。在这个产业生态中，除了手机、电视机是由小米负责的，其他产品皆是由小米投资，提供供应链、智能互联系统和品牌，而生产、制造、设计环节则都被交由合作方企业来负责。就这样，小米得以较低的成本，将其智能生态链迅速扩展开来，使得客户能够以相对低廉的成本享受到性价比较高的智能生态的硬件产品与服务。就这样，小米通过连接客户、交互客户价值、用户共享的模式，形成了独一无二的小米生态圈，使得企业实现了数倍的增长。

可以说，高周转率的生态链是打造变现环境的有效途径。在未来的发展中，我们应该进一步探索和推动生态链的发展，为实现资源的最大化利用和环境的可持续发展做出贡献。实现生态链的高转换率可以从以下方面着手把控。

1. 加强资源整合，建立完善的生态链系统

在生态链中，各个参与方应该形成合作伙伴关系，共同分享资源和利益，提高整个生态链的效益。对于企业自身来说，这就需要其做好生态链资源的整合。一般来说，企业可以采取三种整合模式：一是横向整合；二是纵向整合；三是平台整合。

一般而言，企业很难掌控整条产业链，大部分企业都处于产业链中的某一环节，而横向整合很容易为其设计出高效的解决方案。目前，不少企业是以产业联盟的形式在协同发展，比如在一个产区或小区域中集合着众多经营同类产品的中小企业，像各地的小商品批发市场、农贸商品批发城、玩具小镇等，其中很多地区是借助政府或行业协会的力量来组织协调起来的，因此取得了横向整合的极佳效果。

此外，企业还可以从最初的产品规划、原料采购、生产制造、物流配送以及最后的批发与零售等方面进行垂直方向的资源整合，即纵向整合。一般情况下，对产业链的纵向整合可以通过三种途径：一是往产业链的上游拓展，以增强企业原材料控制能力；二是往产业链的下游市场拓展，以扩大企业生存空间；三是整合具有较高品牌价值的产品，以提升企业竞争优势。纵向整合到了极致状态，便会形成一条全产业链。在此过程中，对于小企业而言，能否进入一条强大的产业链，并整合产业链上可以互相配套的优质资源为己所用是至关重要的；而对于龙头企业而言，纵向整合的重点则在于能够进一步增强自己的控制力和话语权。

近年来，好孩子将美国顶级的百年老字号 Evenflo 收归旗下，同时全资并购德国顶级的年轻高端母婴品牌 Cybex，成功地打开了国外市场，一举成为全球范围的领袖企业和婴童行业的领导品牌。这种产业链垂直整合模式，给好孩子带来了一系列好处：通过整合前端供应商，把握了更多的成本控制筹码；通过产品研发和品牌塑造，摆脱了对低端制造环节的依赖，增加了产品和企业附加值；打破了外国品牌在定价策略上的垄断情形，极大地增强了市场竞争力。

最后，企业可以进行平台整合，通常是围绕供需关系建立一套商业体系，以在上游供应商到下游用户群之间建立起高效的链接，如同一种横向整合与纵向整合的混合体。对于一个完整的平台，其既应具备物理层次的流畅系统，实现流畅的产品交易；又应具备用户层次的情感系统，搭建完整的客户圈子，支撑客户的所有情绪表达。通过二者的结合，来实现完美的用户体验，形成一个生态链系统。

生态链系统初步建设完成之后，还需要考虑各个环节的功能和职责，以及信息流和物流流通渠道的建设。在定义生态链的环节和职责时，要明确生态链中各个参与方的角色和职责，包括供应商、生产商、分销商、零售商等，确保每个环节的功能和责任清晰明确。同时，要建立高效的信息共享平台，使各个环节能够及时获取到所需的信息，包括订单、库存、交易数据等；建立顺畅的物流渠道，确保产品在生态链中的流通畅通无阻。

2. 推动技术创新和数字化转型，提高生态链的运作效率和转换率

利用信息技术和数字化工具，提高生态链的运作效率和转换率，具体可以从三个维度着手，如表9-2所示。

表9-2 提高生态链的运作效率和转换率的操作维度

维度	说明
优化供应链管理	建立高效的供应链管理系统，实现对供应商的合理选择和协调。通过有效的供应链管理，减少库存积压和非必要的成本支出，提高生态链的运作效率
提高物流配送效率	采用物流信息化管理系统，实现对物流流程的实时监控和优化。通过合理的路线规划、运输方式选择和仓储管理，降低物流成本，提高物流配送效率
强化数据分析和预测能力	利用大数据分析技术，对市场需求进行准确预测，从而优化生态链中的生产计划和库存管理。通过数据分析，及时调整生产和供应，提高运作效率

3. 加强监管和规范，避免生态链中的环节出现不合理竞争和垄断行为

通过加强监管和规范，可以避免生态链中的环节出现不合理竞争和垄断行为。在实践中，可以从以下三个方面入手。

（1）加强监管和合规。建立相关的法律法规和标准，对生态链中的各个环节进行监管和规范。加强对生态链参与方的监督和评估，确保其行为合规，避免不正当竞争和垄断行为的发生。

（2）促进信息共享和透明度。建立信息共享平台，使生态链中的各个环节能够及时地获取所需的信息。同时，加强对信息的保护和安全控制，确保信息的准确性和保密性。

（3）建立信任机制。通过建立互信机制和合同约束，促进生态链中

各个参与方之间的信任与合作。建立长期稳定的合作关系，共同推动生态链的规范化和可持续发展。

总之，建立完善的生态链系统，加强合作与共赢，推动技术创新和数字化转型，以及加强监管和规范，是实现生态链高转换率和健康发展的关键。

并购——有些企业适合在生态里一把变现

在市面上，运营成熟的大型企业出售旗下企业，常常是为了缓解资金压力，或剥离非主营业务。2018年，中兴通讯因违反美国对伊朗的制裁令而遭到罚款。为了缓解资金压力，中兴通讯出售了其子公司中兴通讯终端有限公司的资产。这次出售实现了一次性的大额现金流入，帮助中兴通讯渡过了危机。

除了这类企业之外，还有一类企业是非常适合在生态里被并购的——有一部分创业企业创造出一定业绩之后，更适合被并购。从企业经营发展的角度来说，这些被并购企业往往处于项目发展前景不错、已有成果可观但资金支持欠佳的状态，而被并购之后则可实现投资者的变现，使创始人和投资者都能获得丰厚的回报。

对于想走"被并购"这条路的创业型企业来说，创业者必须要关注

• **商业模式变现** ——一切为了变现，不能变现的商业模式是无效模式

公司的财务数据，包括主营业务收入、利润、现金流、资产负债、增长曲线，以及公司财务运营的合规性，是否按照会计准则确认收入，成本、坏账计提处理的规范性，收入确认支撑文件的规范性等，这些都会影响到并购行动的成功与否以及企业估值的高低。对于创业型企业来说，如果希望被并购，一定要尽快停止"烧钱"，尽早赚钱——因为没有利润就没有估值。

当然，找到合适的并购企业也是非常重要的。

（1）一般而言，可以从合作伙伴中找并购方，例如，企业是否与某家规模较大的企业在同一个生态系统中，且形成了很好的协同效应？

（2）可以在所在领域和赛道中寻找并购方，甚至可以考虑竞争对手，但在谈判的时候要谨慎，避免被对手趁火打劫。

（3）可以通过FA（财务顾问）去寻找并购方，比如某家公司是拟上市公司，可能需要一些业绩，或是需要某个行业的客户，通过同业或者异业的整合达成并购，这也是一种方法。

寻求被并购，最重要的因素在于企业创始人的毅力、努力，在业界的口碑，客户的口碑，这些非常重要，有了好的口碑，才能赢得FA和并购投资人的信任。

至于何时是被并购的最佳时刻，并不能做定论。一般来说，这取决

于企业的发展阶段。如果企业发展到某个阶段后进入了瓶颈期或达到了天花板，既没有上市的可能，经营利润又日渐萎缩，无法长期健康运营，那接下来就可以考虑有无可能被并购了。

在寻求被并购机会的过程中，被并购方需要充分了解并购方的需求、关注点和顾虑，需要了解并购方最新的企业战略，是否与自己的公司相匹配，目标客户群体是否匹配，包括并购方的产品线、交付情况、客户口碑等，这些都需要了解。此外，被并购方也要与并购方的管理层深入沟通，了解并购的理由，并购方是看中了被并购方的产品、技术，还是希望开拓新兴市场；双方并购交易达成后是否能够实现双方的良性发展，实现预期的协同效应和经济规模，等等。

比如，两家同类企业，一家企业具有非常强大的销售能力，一年能够创造数十亿元的销售额；而另一家企业拥有非常好的产品，标准化程度很高，但是销售能力较弱，销售额一年只有几百万元，处于亏损状态。后者被并购之后，可以借助并购方强大的销售能力，将销售额大大提升起来，这样就是一次成功的并购。双方的主营业务都没有发生改变，但是却通过并购创造了"1+1=10"的业绩，双方合并之后使彼此都得到了很好的发展。

对于被并购的企业来说，选择被并购通常是不得已而为之的一次变现机会，没有哪个创业者和经营者是抱着只管贱卖企业而后不闻不问的冷漠态度行之的，更多人希望通过并购使企业本身获得更好的发展。通过并购谋求更好的协同效应，这几乎是首先被考量的因素，由此带来的一次性变现额度则是第二位需要考量的因素。

寄生模式不可耻，垂直精进服务主生态

在商业实践中，选择寄生模式的企业常见于一些中小型企业。这类企业由于在资金、人力、技术、关系等方面受到限制，所以选择借势而行之道。一些小型企业在品牌入市期，可能会在可行范围内借助一切的势；而对于相对进入成长期或正在向成熟期奋斗的中型企业，则会更加谨慎地选择借助大型企业的品牌进行造势。

寄生模式有很多种呈现形式，如产品寄生、品牌寄生、渠道寄生、促销工具寄生，具体如表9-3所示。

表9-3 寄生的常见形式

寄生形式	说明
产品寄生	产品寄生是指寄生企业利用宿主的产品销售自己的产品。不同的公司往往具有互补性很强的设施或其他资源，成为寄生的条件是天生就具有互补关系的产品，此类产品形成寄生关系后会达到事半功倍的效果

续表

寄生形式	说明
品牌寄生	即将寄生企业的产品或服务寄生于宿主企业的品牌上。品牌声誉往往是企业通过精密的制造、大量的广告宣传、良好的售后服务而在广大消费者心目中渐渐树立起来的产品形象或企业形象，它的建立成本高，而且是一项无形资产。通过品牌寄生可以让寄生以较低的成本迅速提升品牌知名度与美誉度。当然，生产同类产品的企业也可以在宿主允许的条件下使用宿主的商标品牌
渠道寄生	是指把原来属于宿主企业的销售渠道变成可以为寄生企业利用的渠道。通过渠道的寄生，寄生企业既可以借助宿主企业的渠道把产品安全、及时、高效、经济地从生产者手中转移到消费者手中，又可以降低渠道建设成本，提高分销效率
促销工具寄生	是指利用宿主企业的产品或者促销工具来实现寄生企业的促销目的。寄生企业为了达到销售目标而选择利用宿主企业的促销工具进行促销，不仅可以提高销售数量，降低成本，还能够达到事半功倍的效果

无论采用哪一种寄生模式，寄生企业的一个共同特点就是——借势。但这并不意味着寄生企业就可以不精进和不专业，一味吸取被寄生者的能量，而是要垂直精进，服务好主生态，谋求整体生态平衡与持续发展。垂直精进服务主生态，更强调寄生企业与宿主企业之间的紧密且长期的合作，通过专业化的服务提供者和个性化需求定制，为被寄生企业提供更精准、更高效的解决方案，注重服务的深度和专业性，这也是当今商业领域的一种新兴趋势。

无论是在传统行业还是新兴领域，垂直精进服务主生态都能够为企业带来创新和发展。因此，寄生企业应积极参与垂直精进服务主生态，把握垂直精进服务主生态的关键要素，不断探索和创新，以应对日益复杂和多变的市场环境。

1. 把握垂直精进服务主生态的关键点

寄生企业要想垂直精进服务主生态，需要着重把握以下三个重点：

（1）要做专业化服务的提供者。垂直精进服务主生态的核心是专业化的服务提供者，他们具备行业内的专业知识和经验，能够为客户提供高质量的解决方案。

（2）实现个性化需求定制。垂直精进服务主生态致力于为每个客户提供个性化的解决方案，通过深入了解客户需求，精确把握市场动态，实现精准化服务。

（3）立足长期合作关系。垂直精进服务主生态鼓励与客户建立长期合作关系，通过持续的交流和反馈，不断优化服务，为客户创造持久的价值。

2. 垂直精进服务主生态的实践操作

为了垂直精进服务主生态，寄生企业要通过提供专业化的服务和个性化需求定制，为客户高效、高质量地解决问题，提升企业运营效率和产品质量。为此，企业要深入了解目标市场和客户需求，然后准确把握目标市场的特点和客户需求，继而有针对性地开展服务工作。比如，一些电商平台通过大数据分析和用户调研，深入了解消费者的购物习惯、偏好和需求，从而为其提供个性化的推荐和定制服务，并取得了巨大的成功。还有一些连锁酒店会通过引入自助办理、智能控制等技术手段，了解客户需求，优化客户的入住流程，提升服务效能和客户体验，从而赢得客户的口碑和忠诚度。

要想垂直精进服务主生态，还需要根据市场需求快速响应并提供创新的解决方案，帮助企业在竞争激烈的市场中脱颖而出，赢得竞争优势。在垂直精进服务主生态的道路上，科技手段的运用不可或缺。企业可以借助人工智能、物联网等新技术，提升服务效能和便利性。以丰巢快递公司为例，他们致力于研发和运营面向所有快递公司、电商物流的可24小时使用的自助开放平台——"丰巢"智能快递柜，提供平台化快递收寄交互业务；使用实时追踪等科技手段，提升快递服务的速度和可靠性，满足了客户的需求，赢得了市场份额。

此外，也要注意避免不必要的资源浪费和风险，降低企业成本和经营风险。

可以说，垂直精进服务主生态是寄生企业实现商业成功的重要方向和趋势。通过了解目标市场与客户需求、优化服务流程与体验、建立强大的服务团队、运用科技手段提升服务效能，可以让企业不断提升自身的服务能力，获得市场竞争的优势。

变现就是一步实现目标的战略设计

变现作为一种重要的商业策略，它可以帮助企业和个人实现目标并获得经济回报。在商业领域，变现意味着将产品或服务转化为利润的循环,是一个将资源转化为经济价值的闭环过程。这个变现过程涉及市场调研、产品开发、营销推广、销售和收益等环节——只有在每一个环节都进行有效的执行和管理,才能完成变现闭环,促进战略目标的阶段性达成。从这个角度来说,商业变现战略相当于是一个只要按部就班地推进即可实现目标的战略设计。

1. 设计变现的战略目标

在实现变现闭环之前,企业需要明确自己的战略目标,确保其与企业的长期发展计划相一致,并保证其是可量化和可达成的。例如,一个企业的战略目标可能是在未来三年内增加30%的销售额。可见,只有明确了战略目标,才能在实施变现战略时锁定明确的方向。

在设计变现战略细节时,需要综合考虑市场环境、竞争对手、资源可用性等因素,从产品差异化、渠道拓展、价格策略、营销推广等维度进行战略系统设计。

(1)产品差异化。通过创新和研发,使产品或服务在市场上具有独特的竞争优势,从而吸引更多的客户和实现更高的可变现量。

(2)渠道拓展。通过与合作伙伴建立良好和谐的合作关系,扩大产品或服务的销售渠道,提高其市场覆盖率和可变现量。

(3)价格策略。通过灵活的定价策略,根据市场需求和竞争情况来确定最佳的价格,实现产品或服务变现的最大化。

(4)营销推广。通过有效的市场营销和推广活动,提高品牌知名度,增加客户对品牌的认知度，强化其购买欲望，从而提高变现的额度。

（5）客户关系管理。通过维护亲密友好的客户关系，提高客户满意度和忠诚度，促进重复购买和口碑传播，实现变现量的增长。

2. 打造变现的持续闭环

变现闭环是为了实现企业战略目标而设计的。通过明确战略目标、设计合适的变现战略，并将其付诸实施，企业就可以获得预期的经济回报。以私域社群变现为例，企业可以先从私域流量引入入手，然后逐步建设社群和运营社群，达到一定用户信任度和用户黏性之后，再进行社群分销，之后通过持续的客户关系维护，持续改进优化服务，保障复购率，提高变现效果，具体如表9-4所示。

表9-4　私域社群变现的把控过程

把控过程	说明
私域流量引入	通过品牌内容、社群引流、线上广告等方式将潜在用户引入私域流量池
社群建设	在社交平台（微信、微博、QQ等）或社交电商平台上建立社群，吸引用户进入
社群运营	通过内容营销、活动策划、用户维护等方式，提高社群活跃度和用户黏性
商品销售	主要是通过社群分销或社交电商模式，向社群内用户销售商品。在这个阶段，要制订详细的实施计划，明确责任人和时间表，确保每个环节都有专人负责，并按时完成任务
客户关系维护	及时跟进用户售后服务，提高客户满意度，促进用户复购

续表

把控过程	说明
数据分析	监控变现闭环的每个环节，并定期评估执行效果；收集和分析市场数据、销售数据等关键指标，对销售数据、用户数据进行分析，及时调整运营策略和实施计划，提升社群变现效果
持续变现	不断反思和改进变现闭环的每个环节，寻找优化和创新的机会，达到持续变现的目标和效果

为了促进社群变现，可以采取一些措施来激发用户的活跃度。比如，通过优质、有价值的内容来吸引用户进入社群，增加用户黏性；定期组织线上或线下活动，增强用户参与度和互动性；给用户提供一定的优惠券和折扣，提高用户购买商品的积极性；根据用户在社群中的贡献和消费情况，给予其相应的等级和特权，增强用户的参与度和忠诚度；除了社交平台和社交电商平台，还可以通过微信公众号、小程序等多个渠道建立社群，扩大用户范围。

一般来说，从私域流量引入到商品销售这四个步骤，已经完成了变现闭环；而客户关系维护与数据分析，则是打造持续现金流的促动步骤；当变现闭环逐步完善之后，销售业绩会出现倍增，持续变现也就是水到渠成的事情了。

后 记

  闻悉本书即将出版，不胜感慨。本书从最初的调查研究到中途的设计与写作，以及随后的出版审阅等，都是一个艰难且辛苦的过程，也是一个自我学习的过程。之所以说是自我学习的过程，是因为在过去的一段时间里，围绕这本书的研究与写作，我获得了各种各样的帮助，这些帮助包括心智上的点拨、具体写作过程的指导和资料收集论证上的协助。

  在这里，要特别说明的是，本书的创作融入了团队的智慧，我们团队中的大部分人都参与了本书的撰写或资料收集与分析工作。在此，向诸位表示衷心的感谢！

宋政隆

2023.11.19 于北京

参考书目

[1] 苏引华. 商业的底层逻辑［M］. 北京：中国人民出版社，2023.

[2] 张中华. 可复制商业模式［M］. 北京：中国商业出版社，2022.

[3][瑞士] 亚历山大·奥斯特瓦德 著. 黄涛，郁婧 译. 商业模式新生代（经典重译版）［M］. 北京：机械工业出版社，2016.

[4][日] 近藤哲朗；中青文出品·商业模式2.0图鉴［M］. 北京：中国青年出版社，2020.

[5][日] 今枝昌宏. 王晗 译. 商业模式教科书（高级篇）［M］. 北京：华夏出版社，2020.

[6] 郭斌，王真. 商业模式创新［M］. 北京：中信出版社.2022.

[7][荷兰] 帕特里克·范德皮尔，罗兰·维恩，贾斯汀·洛基茨. 梁庆祥 译. 商业模式革新：为客户创造全新价值的六大方法［M］. 广东：广东经济出版社，2022.

[8] 胡江伟. 从0到1学商业模式［M］. 北京：中华工商联合出版社，2022.

[9] 徐淼．一本书看懂商业模式［M］．北京：中国商业出版社，2022．

[10][日]三谷宏治，马云雷，杜君林 译．商业模式全史［M］．江苏：江苏文艺出版社，2016．

[11] 曾鸣．智能商业［M］．北京：中信出版社，2018．

[12] 环球人物新媒体中心．20堂商业思维进阶课［M］．江西：江西教育出版社，2019．